Franz Seebach
Der vollkommene Konditor
Desserts und Leckereien aus dem 19. Jahrhundert

SEVERUS Verlag

Seebach, Franz: Der vollkommene Konditor Desserts und Leckereien aus dem 19. Jahrhundert. 2019
Neuauflage der Ausgabe von 1822
ISBN: 978-3-96345-186-7

Umschlaggestaltung: Annelie Lamers, SEVERUS Verlag
Umschlagmotiv: www.pixabay.com

Bibliografische Information der Deutschen Nationalbibliothek: Die Deutsche Nationalbibliothek verzeichnet diese Publikation in der Deutschen Nationalbibliografie; detaillierte bibliografische Daten sind im Internet über https://dnb.de abrufbar.

Der SEVERUS Verlag ist ein Imprint der Bedey & Thoms Media GmbH,
Hermannstal 119k, 22119 Hamburg

SEVERUS Verlag, 2019
http://www.severus-verlag.de
Gedruckt in Deutschland
Der SEVERUS Verlag übernimmt keine juristische Verantwortung oder irgendeine Haftung für evtl. fehlerhafte Angaben und deren Folgen.

Franz Seebach

Der vollkommene Konditor
Desserts und Leckereien aus dem 19. Jahrhundert

Inhalt

Vorrede

Wichtiger als mancher glaubt ist das Geschäft des Konditors; er liefert den Nachtisch, diesen schwierigsten und oft wichtigsten Teil des Mahles. – Ohne den mächtigen Alliierten der Köche, den Hunger, steht er da, auf sich selber ganz allein basiert; seine leichten Erzeugnisse sollen den vom Genusse abgespannten Gaumen der Gäste noch einmal reizen; ihm liegt es ob, die Versammelten noch an die Freudentafel zu fesseln, denn die Stunde vertraulicher Ergießung hat geschlagen, manches Folgenreiche, Bedeutende wird gerade jetzt verhandelt. Auf wie viel Menschenleben hat nicht ein Glas Punsch, ein Glas Limonade Einfluss gehabt. Wer kann es leugnen, dass der Zuckerbäcker uns am Eingange des Lebens begrüßt, und dass er noch tätig wirkt bei der letzten Ehre, die uns erteilt wird. Ich glaube demnach, den deutschen Kunstgenossen, so wie auch geschickten Hausfrauen, einen nicht unwichtigen Dienst durch Verdeutschung und Herausgabe des nachstehenden Werks zu leisten. Ich liefere die Übersetzung nach der 6. Ausgabe des Originals und führe diesen Umstand als einen Beweis der Brauchbarkeit und Trefflichkeit desselben an. Ich darf mit Zuversicht hoffen, dass dies Werkchen sowohl den Männern vom Fache, als auch fleißigen Hauswirtinnen jeden nur möglichen Aufschluss geben wird. Ersteren muss es besonders angenehm sein, hier auch das Wesentlichste über die Bereitung der Ratasias und über die Destillation der Liköre angehängt zu finden, Gegenstände, welche in andern Konditoreibüchern gänzlich übergangen sind. Manche, der Kunstbäckerei ganz fremde, im Original mit aufgenommene Artikel habe ich übrigens in der Übersetzung weggelassen.

Im Februar 1822
Franz Seebach,
Hofkonditor.

3

Die Zuckerbäckerei

Vorbemerkung

Ordnung und Wirtlichkeit müssen bei jedem Geschäfte vorherrschen. – Auch dem Zuckerbäcker dürfen diese Tugenden nicht abgehen. – Es gibt in seinem Geschäfte, bei seinem Handel, allerlei Abfall an Zucker, Zuckerstaub und Bröckeleien, die nach vollendeter Arbeit auf dem Tische, in Tiegeln und Mörsern zurückbleiben. – Bei Anfertigung von Makaronen, Biskuiten und anderen Backwerken, die auf Papier gebacken werden, bleibt auf letzterem gewöhnlich etwas haften, manches Stück Ware wird zerbrochen, manches verdirbt oder wird zu alt. Welch ein Schade für den Zuckerbäcker, wenn er nicht die Mittel kennt, aus diesen Abfällen wieder Vorteil zu ziehen. – Man halte sowohl in dem Laboratorio, als in dem Laden einen besonderen Kasten, diese Abfälle aufzubewahren. Wie das Aufgesammelte mit Vorteil zu benutzen sei, wird bei dem Artikel von den braunen Backwerken (c o n f i t u r e s b r u n e s) erwähnt werden. Makaronen, Konfitüren usw. bewahrt man, wie wir ein für alle Mal erinnern, am zweckmäßigsten an trocknen Orten in Gläsern auf.

Backwerk

Süsse Makaronen. Man brühe 1 Pfund süße Mandeln in siedendem Wasser, schütte sie hieraus in kaltes, worin sie nur ein paar Minuten bleiben, man enthäute und wasche sie, und lasse sie dann 24 Stunden lang unter einer Serviette zum Trocknen liegen. Von diesen Mandeln nehme man eine Handvoll, werfe sie in einen Steinmörser oder in eine Reibesatte und stoße sie fein, doch nicht zu fein, damit sie nicht ölen. – Auf die zerstoßene Masse gieße man das Weiße 1 Eies, rühre und mische es wohl untereinander, dass es zu einem feinen Teig werde. Man leere nun den Mörser und verfahre mit den übrigen Mandeln auf dieselbe Art. – Reicht 1 Eiweiß nicht zu, so muss man mehr nehmen; genau lässt sich das nicht bestimmen, da die Eier nicht gleich groß sind und mehr oder weniger Weißes enthalten. – Ist die ganze Mandelmasse nun durchgearbeitet, so schütte man sie wiederum in den Mörser oder in die Reibesatte, und tue 2 Pfund des feinsten gestoßenen Zuckers, nebst der abgeriebenen Schale von 2 Zitronen hinzu. – Man rühre alles wohl durcheinander und gieße noch so viel Eiweiß hinzu, dass der Teig die nötige Konsistenz erhalte. – Auf 1 Pfund Mandeln braucht man gewöhnlich nur 12 bis 18 Stück Eier. – Ist der Teig bereitet, so nehme man ein zwei Finger breites, mit einem Handgriffe versehenes Lineal von hartem Holze; auf dieses lege man etwas Teig, fasse dies Instrument (m.s. Tafel I.1.) mit der Linken und setze mit einem reinen Messer auf einem Papierbogen ovale, etwa fingerdicke Häufchen ein, welche 1 ½ Zoll weit auseinander stehen müssen. Ist diese Arbeit vollendet, so schiebe man die Makaronen auf einer Blechplatte in einen mäßig heißen Ofen und lasse sie langsam drei Viertelstunden lang backen.

Die Bereitung der Makaronen erfordert viel Vorsicht und Genauigkeit. – Man sehe besonders darauf: 1. dass die Mandeln recht trocken sind, ehe man sie in den Mörser schüttet. 2. Sei man vorsichtig beim Aufschlagen der Eier. Es darf a u c h   n i c h t   e i n   T r o p f e n   G e l b e s   dem Weißen beigemischt sein; die ganze Teigmasse würde dadurch verderben und die Makaronen würden in dem Ofen zusammenfallen, statt aufzugehen, unansehnlich werden und an Gewicht verlieren. 3. Der Ofen darf nur mäßig geheizt sein. Mandeln und Zucker verbrennen gar leicht. – Beobachtet man hier nicht die nötige Vorsicht, so verbrennt die Oberfläche der Makaronen, während das Innere roh bleibt. Um ganz sicher zu gehen, schiebe man ein Paar zur Probe in den Ofen und lasse sie drei Viertelstunden backen, sind sie nun nicht verbrannt, sondern von schöner, gelber Farbe, so hat der Ofen den gehörigen Grad Hitze, sind sie dagegen unterwärts schwarz, so ist dies ein Beweis, dass die untere Hitze stärker ist als die obere, und in diesem Falle muss man zwei oder drei Bogen Papier auf die Blechplatte legen, um die Wirkung zu mildern. Erst nachdem man auf diese Weise die Hitze des Ofens erprobt hat, bringe man den Makaronenteig auf Papier und nur völlig erkaltet, löse man die Makaronen von demselben ab.

BITTERE MAKARONEN. Man nehme etwa 1 Pfund bittere[1], und ¾ Pfund süße Mandeln, 2 ½ Pfund Zucker und das Weiße von etwa 20 Eiern und verfahre genau wie oben angegeben. – Man pflegt den bitteren Makaronen eine runde Form zu geben.

SCHOKOLADENMAKARONEN. Wenn der süße Makaronenteig nach Vorschrift bereitet ist, so lege man ¼ Pfund Schokolade auf eine Blechplatte, lasse selbige über Kohlenfeuer erweichen, schütte sie auf einen Teller und füge etwa 2 Löffel des Mandelteiges hinzu. Nachdem die Mischung wohl durcheinander gerührt worden, bringe man sie in den Mörser zur übrigen Teigmasse, schütte 1 Löffel voll sehr fein gestoßenem Zimmet, oder 1 Teelöffel voll Vanille, oder beides nach Belieben dazu und arbeite alles gehörig durch. Beim Backen ist genaue Vorsicht erforderlich.

GEWÜRZMAKARONEN. Zu dem süßen Makaronenteig füge man 1 Löffel voll fein gestoßenem Zimmet, 6 bis 8 fein gestoßene Gewürznäglein, 1 Löffel voll klein gehackter, überzogener Pomeranzenschale, 1 Löffel klein gehackten Zitronats, nebst der abgeriebenen Schale zweier Zitronen. – Alle diese Ingredienzen werden tüchtig mit dem Mandelteig durchgerührt und in ovalen oder runden Formen bereitet.

GEWÜRZMAKARONENTORTE. Man klebe so viel Oblatblätter zusammen, als zur Größe der Torte erforderlich sind, lege die Schüssel, die zur Anrichtung derselben bestimmt ist, auf den Oblatbogen und beschneide denselben darnach. Nun belege man ihn fingerdick mit vorbeschriebenem Gewürzmakaronenteig und schiebe ihn in den Ofen. – Während die Torte backt, schütte man etwas Zucker (etwa 8 bis 12 Lot) in eine Pfanne und koche ihn mit Orangenblütenwasser so lange, bis er, beim Umrühren mit der Schaumkelle, in hohen Blasen erscheint. – Ist die Torte hellbraun gebacken, so übergieße man sie mit der Zuckermasse und bringe sie wieder ein paar Minuten in den Ofen, dass der Guss trockne. – Diese Torten sind köstlich vom Geruch und Geschmack.

---

1   Anm. des Verlags: Es ist selbstverständlich die bittere Süßmandel gemeint.

GEFÜLLTE MAKARONEN. Süßer Makaronenteig (s. d. Artikel) wird auf Oblatblätter in runden Formen angerichtet. – Mittelst eines fingerdicken runden Stäbchens drücke man in jede Makarone eine kleine Vertiefung und lasse sie nun nach Vorschrift backen. – Sodann fülle man die gemachten Aushöhlungen mit Himbeer-, Kirsch- oder anderem Gelee. – Man löset dieses Backwerk nicht von dem Oblat ab, sondern beschneidet letzteres um jede Makarone.

GEFÜLLTE MAKARONEN-TORTE. Man nehme das schüsselrund geschnittene Oblat, lege es auf einen Bogen Papier und bestreiche es, einen Messerrücken dick, mit süßem Makaronenteig, dann umlege man den Rand mit ovalen Makaronen, die sich an den spitzen Enden berühren. Auf dieselbe Weise werden mehrere Reihen Makaronen in die Länge und Breite gitterartig gelegt und hierauf wird die Torte in den Ofen geschoben. – Nach drei Viertelstunden nehme man sie heraus und fülle die tiefen Zwischenräume zierlich mit allerlei in Zucker eingemachten Früchten, als mit Kirschen, Himbeeren, Mirabellen und dergleichen, aus. (m.s. Tafel I.2.)

GELBES MANDEL-BACKWERK. Wir haben gesehen, dass man zu den Makaronen und Makaronentorten nur das Weiße der Eier gebrauchen kann. – Wenn aber zu gewissen Jahreszeiten die Eier teuer sind, so muss man suchen den Dotter auf irgendeine Weise zu benutzen. Wir empfehlen zu diesem Zweck das g e l b e M a n d e l b a c k w e r k. Nachdem man viel oder wenig Dotter vorrätig hat, nehme man 1 oder 2 Pfund süße Mandeln, brühe, enthäute, wasche sie und lasse sie gut trocknen; darauf stoße man sie in einem Mörser oder einer Reibesatte und mische sie wohl mit dem Eigelb zu einem sehr feinen, ziemlich festen Teig. Man füge zu jedem Pfund Mandeln 1 Pfund fein gestoßenen Zucker, und die abgeriebene Schale von 2 Zitronen hinzu, knete den Teig auf einem mit Zucker bestreuten Tisch gut durch und gestalte daraus nach Belieben allerhand kleine Formen, als: kleine Brötchen, rund oder würfelförmig, kleine Brezeln, Kleeblätter und dergleichen. – Auf einer mit Papier belegten Blechplatte schiebt man dieses Backwerk in einen mäßig geheizten Ofen und nimmt es heraus, wenn es dunkelgelb gebacken. Durch den oben (s. Art. Makaronen-Torte) beschriebenen Guss lässt sich dies Backwerk noch verschönern. – Wohl erkaltet, löse man es behutsam von dem Papiere.

SPRITZ-BACKWERK. Des soeben beschriebenen Teiges bedient man sich auch zu den Spritzbackwerken. Die hierzu nötige Spritze ist folgender Art eingerichtet: (m.s. Tafel I.3.4.u.5.) die Röhre a besteht aus zwei zusammengeschobenen Stücken, welches zum Reinigen derselben erforderlich ist. Am obersten Ende der Röhre muss inwendig ein hölzerner Ring angebracht sein, auf welchem eine kreisförmige Kupferplatte (m.s. Tafel I.5.) gelegt werden kann; das trompetenmundähnliche Ende des Instruments b ist zum Anschrauben und enthält gleichfalls innerhalb einen hölzernen Ring. Die kreisförmige, sternartig durchlöcherte Kupferplatte wird demnach durch die beiden vorerwähnten Ringe gehalten, dass sie nicht weichen kann. – Der Stöpsel c muss breit sein, dass er beim Eindrücken die Brust nicht beschwere. – Tafel I.3. zeigt die Spritze im Durchschnitt. Tafel I.4. aber gibt die Ansicht derselben; e ist der durch das Eindringen des Stöpsels herausquellende Teig.

Besitzt man nun eine solche Spritze, so rolle man den Mandelteig mit den Händen zusammen, tue ihn hinein, fülle jedoch nur ⅔ derselben, stecke den Stöpsel hinein, fasse das Instrument in b mit beiden Händen und treibe den Stöpsel, ihn gegen die Brust stemmend, hinein.

Ist diese Arbeit vollendet, so bilde man aus dem Teig mit Hilfe eines spitzen Messers allerhand kleine Figuren, als: Herzen, Gewinde u.dgl. Möglichst wenig brauche man hierbei die Finger, damit die Krause nicht verderbe. Jetzt lege man das Backwerk auf Papier und schiebe es auf Blechplatten in den Ofen.

MANDELBERGE. Man nehme ½ Pfund süße Mandel, schneide sie in schmale lange Stücke, und röste sie entweder auf einer Blechblatte im Ofen oder über Kohlenfeuer, bis dass sie hellbraun geworden. Man schlage das Weiße von 6 bis 8 Eiern in eine Terrine, schütte die gerösteten Mandeln hinzu, tue 1 Pfund fein gestoßenen Zucker, ¼ Pfund überzuckerte Pomeranzenschale und ebenso viel Zitronat hinzu (beides in länglich kleine Stücke geschnitten). Ferner: etwa ½ Esslöffel voll fein gestoßenem Zimmet und 6 bis 8 Stück fein gestoßene Gewürznägelein: rühre alles wohl durcheinander, richte nun die Masse in kleinen, runden, oben zugespitzten Häufchen auf Papier an, und lasse sie dann im Ofen backen.

MANDELSCHNITTE. Man nehme ½ Pfund süße Mandeln, reinige, enthäute sie nach Vorschrift, und stoße sie in einem Steinmörser mit 3 bis 4 Eiweiß zu einem recht feinen Teig, man füge 12 Lot fein gestoßenen Zucker und die abgeriebene Schale 1 Zitrone hinzu, mische alles wohl durch und gieße ½ Tasse Orangenblütenwasser hinzu, arbeite den Teig noch einmal durch und richte denselben auf eine Kupferplatte löffelweise in länglich runden Formen an. Ist die Platte belegt, so fasse man sie mit beiden Händen und stauche sie auf dem Tisch, dass die Teigschnittchen sich etwas, doch nicht zu sehr, ausdehnen, denn sie dürfen nicht zu dünn werden. Hierauf schiebe man sie in den Ofen, um sie zu backen; sind sie hellbraun, so nehme man sie aus dem Ofen, löse sie sofort mit einem Messer von der Platte und lege sie noch heiß auf ein etwa 3 Fuß langes, rundes Holz von der Dicke eines Armes, dass sie sich nach demselben krümmen.

ZITRONENSCHNITTE. Man nehme ½ Pfund feinen Zucker und reibe ihn von allen Seiten mit 1 schönen Zitrone, schabe das abgeriebene Gelbe mit einem Messer ab, stoße dann den Zucker recht fein, siebe ihn durch ein seidenes Sieb, tue ihn in eine Terrine, füge 1 Eiweiß, den Saft von 2 Zitronen und das vorhin auf dem Zucker abgeriebene Gelbe hinzu, und rühre das Ganze wohl durcheinander. Der Teig muss flüssig, doch nicht zu dünn sein. Um zu erproben, ob derselbe die rechte Konsistenz habe, nehme man 1 Stückchen Oblat und bestreiche es einen Messerrücken hoch mit demselben, schmiert er sich leicht wie Honig und erscheint gleich darauf glänzend, so ist die Beschaffenheit gut; fließt er, so fehlt Zucker; erscheint er steif und glanzlos, so muss noch Zitronensaft beigemischt werden. – Zuweilen zeigt der Teig sich auch deshalb steif, weil der Zucker nicht gehörig gestoßen und gesiebt worden, was nicht versäumt werden darf, wenn die Zitronenschnitten gut und schön werden sollen. Ist die Masse nicht gelb genug, so helfe man mit ein paar Tropfen Safrantinktur nach. – Ist nun der Teig wie er sein soll, so bestreiche man mit einem Messer Oblatblätter damit, zerschneide dann diese in Täfelchen, 1 Zoll lang und ½ Zoll breit, und lege in der Mitte auf jedes 1 überzuckertes Schokoladenplätzchen (à la nonpareille). Hierauf nehme man eine glühende Schaufel und halte sie recht nahe über die Schnittchen, wodurch sie sogleich trocknen und schön glänzend werden. Alsdann wendet man das Oblat um, bestreicht die andere Seite mit Teig und trocknet sie ebenfalls mit der glühenden Schaufel. Auf diese Rückseite legt man aber keine Schokoladenplätzchen.

SCHNEEZUCKER (SUCRE À LA NEIGE). Man nehme ¼ Pfund bittere Mandeln, reinige, enthäute sie kunstgemäß und zerstoße sie in einem Steinmörser mit 4 Eiweiß zu einem recht feinen Teig; kein Mandelfragment darf zu sehen sein. Man füge 1 Pfund des besten fein gestoßenen Zuckers und noch 5 bis 6 Eiweiß hinzu und mische alles wohl durcheinander.

Der Teig darf nicht zu dünn, sondern muss von der Beschaffenheit sein, dass er sich mit den Händen kneten lässt, ohne an denselben festzukleben. Man gebe ihm durch einige Tropfen Rosen- oder Bergamotteöl einen angenehmen Geruch, und dehne und rolle denselben mit einer hölzernen Mangel, auf einem mit Zucker bestreuten Tische, bis zur Dicke etwa ½ Fingers und schneide mit der Form allerlei Figuren daraus, die auf einer mit Papier belegten Blechplatte in den Ofen gebracht werden. –

Der Schneezucker darf nicht zu lange im Ofen bleiben; sobald das Weiße gelblich wird, nehme man die Platten heraus. Der ½ Finger hoch eingebrachte Schnee geht etwa 3 Finger hoch im Ofen auf.

Die Form, deren wir eben erwähnten, ist von Eisenblech, etwa 2 Finger hoch und hat nach Belieben 1 ½ bis 2 Zoll im Durchmesser (m.s. Tafel I.6). Man lasse den oberen Rand derselben umlegen, um sie bequemer eindrücken zu können; unten in b muss die Form aber scharf sein. Tafel I.7.8.9.10.11.12. sind gleichfalls Formen, welche man dem Schneezucker zu geben pflegt; sie sind dreimal verkleinert.

Man kann den Schneezucker auch gelb, rot und blau färben, und verweisen wir übrigens, wegen der zunehmenden Färbe-Materialien, auf den darüber sprechenden Abschnitt.

KLEINE BISKUITE ODER BISKOTTEN, AUCH LÖFFELBISKUIT. Man stoße und siebe ½ Pfund des besten Zuckers recht fein, schlage von 12

Eiern das Gelbe in eine Terrine, das Weiße in eine Kasserolle; letzteres peitsche man mit einer Birkenrute zu einem dichten Schnee. Dann gieße man das Gelbe hinzu, schütte den Zucker hinein und rühre solches sachte durcheinander. Man setze nun die Kasserolle über gelindes Kohlenfeuer und schlage wiederum die Mischung eine gute halbe Stunde hindurch. – Wenn die von der Rute rinnende Flüssigkeit sich in kleinen Häufchen kugelförmig ansetzt, so nehme man das Gefäß vom Feuer ab und fahre fort, die Mischung zu Peitschen, bis sie erkaltet ist. – Das Feuer in der Kohlenpfanne muss nicht zu stark sein, denn nur warm, nicht kochend, soll die Mischung werden. Jetzt füge man ½ Pfund des allerfeinsten Mehles hinzu und rühre die Masse mit einem hölzernen Spatel sachte durcheinander. Ist dies geschehen, so nehme man einen Trichter, dessen untere Mündung etwa daumendick ist. Diese Öffnung verschließe man mit einem Korkstöpsel und fülle den Trichter mit Teig. Nachdem man mehrere halbe Bogen Papier vor sich auf den Tisch gelegt hat, öffne man den Trichter unten, setze oder stauche denselben auf das Papier (m.s. Taf. I.13.), dass ein Teigkügelchen auf a falle, gehe dann schnell mit dem Trichter weiter nach b, wo man wiederum durch leises Aufstauchen ein solches Teigkügelchen aufsetzt, welches jedoch mit dem ersteren verbunden ist. – Nun setzt man ab, um ein zweites Biskuit zu beginnen und fährt also fort, bis der Bogen voll ist. Während man einen neuen Bogen nimmt, korkt man den Trichter wieder zu. – Die Handgriffe bei der Anfertigung dieser Biskuits sind unvollkommen in der Beschreibung anzugeben, man muss sie sehen und praktisch üben. Um solche zu erlernen, versuche man sich an einem dünnen Mehlteig. Schnell muss die Arbeit vor sich gehen, sonst fließen die Biskotten zu sehr aus und erscheinen unansehnlich. Die Biskotten werden hierauf mit Zucker mittelst eines Zuckerpuderbeutels bepudert, der überflüssige Zucker aber wird abgeschwenkt, die Bogen sodann auf Blech gelegt und in den gut geheizten Ofen geschoben. Sind sie gelbbraun, so nehme man sie heraus. – Während die ersten Blätter backen, richte man andere an.

Sobald sie aus dem Ofen kommen, müssen die Biskotten mit einem Messer von dem Papiere abgelöst werden. – Lässt man sie erkalten, so brechen sie zu leicht.

BISKUIT IN FORMEN GEBACKEN, SOGENANNTES KAPSELBISKUIT. Man nehme ½ Pfund fein gestoßenen besten Zucker, schütte ihn in einen Napf und gieße den Dotter von 12 Eiern darüber. Das Weiße tue man in ein anderes Gefäß und peitsche es eine gute halbe Stunde lang, während ein Gehilfe den Zucker mit dem Eigelb vermischt. – Ist der Schnee dick und wohlgeraten, so gieße man das Gelbe hinzu, schütte 12 Lot des feinsten Mehls und 4 Lot Kraftmehl, ferner die abgeriebene Schale 1 Zitrone, zu dieser Mischung und rühre mit einem hölzernen Spatel die Masse sacht durcheinander. – Mehl und Kraftmehl müssen vorher durchgesiebt werden. Ist dies alles nach Vorschrift geschehen, so fülle man Blech- oder Papierformen zur Hälfte mit dieser Masse. – Die ersteren müssen inwendig mit Butter bestrichen werden. – Nur halb darf man die Formen anfüllen, weil der Teig im Ofen aufgeht. Ehe man solche in diesen hineinschiebt, bepudere man die Biskuite mit Zucker. – Sobald sie bräunlich gebacken, nehme man sie aus dem Ofen und schlage sie aus den Formen.

KÖNIGSBISKUIT À LA FLEUR D'ORANGE. Man verfahre wie bei dem Biskuit in Formen, nehme aber, statt 12 Lot Mehl und 4 Lot Kraftmehl, 8 Lot Mehl und 8 Lot Kraftmehl; hat man die Formen mit dem Teige angefüllt, so stoße man überzuckerte Orangenblüte mit Zucker in einem kleinen Mörser, bestreue damit die Biskuite und schiebe sie in den Ofen.

VANILLEBISKUIT. Wird ganz auf dieselbe Art gemacht; statt Orangenblüte bestreut man sie mit gestoßener Vanille und Zucker.

BUTTERBISKUIT. Man mache einen Teig, wie oben bei dem Artikel kleine Biskuite gelehrt worden. Ist der Schnee fertig und das Mehl beigemischt, so gieße man 1/2 Pfund geschmolzene, etwas erkaltete Butter hinzu, rühre die Mischung mit einem hölzernen Spatel durch und tue sie in Blechformen. Diese letzteren müssen mit Butter ausgeschmiert werden, weil dieser Teig im Ofen stark aufgeht.

ANISKUCHEN. Man schütte in eine Terrine ½ Pfund fein gestoßenen besten Zucker, das Gelbe von 10 Eiern und rühre mit einem hölzernen

Spatel eine halbe Stunde lang die Mischung wohl durch. Das Weiße der Eier wird unterdessen in einem anderen Gefäße nach vorgeschriebener Art zu einem dichten Schnee geschlagen, man gieße nun das Gelbe hinzu, tue 2 Lot auserlesenen, gewaschenen und getrockneten Anis und 9 bis 10 Unzen des feinsten Mehls daran und rühre alles sachte durcheinander. Ist dies geschehen, so richte man mit einem Löffel kleine, runde Kügelchen auf Papier an, überstreue sie mit Zucker und backe sie in einem gut geheizten Ofen. Noch warm müssen sie mit einem Messer von dem Papiere abgelöst werden.

GEWÖHNLICHES KAFFEEBROT. Man schlage das Weiße von 10 Eiern zu dichtem Schnee und schütte den Dotter mit ½ Pfund des feinsten Zuckers hinzu. Über gelindes Kohlenfeuer schlage man diese Mischung noch eine halbe Stunde, dann nehme man sie von dem Feuer und fahre fort, sie zu peitschen, bis sie völlig erkaltet ist. Man schütte nun ½ Pfund des feinsten gesiebten Mehls hinzu, arbeite den Teig durch und fülle damit zwei blecherne Formen, deren jede 1 Fuß lang, ⅓ Fuß breit und 1 Hand hoch ist. Diese Formen werden vorher mit Butter ausgeschmiert und mit Papier ausgefüttert. Bei mäßiger Hitze lässt man die Kuchen backen, schlägt sie dann aus den Formen und löst sie von dem Papiere ab. Sind sie erkaltet, so schneidet man sie in längliche, ½ fingerdicke Stücke. Nun lege man eine Kupferplatte über Kohlenfeuer und die Kuchenschnitte in Reihen auf diese heiße Platte, sind sie auf der einen Seite bräunlich geröstet, so drehe man sie um, dass sie auf beiden Seiten wohl durchgeröstet werden.

FEINES GEWÜRZKAFFEEBROT. Man bereite den Teig, wie soeben gelehrt worden, und füge noch hinzu: die abgeriebene Schale von 2 Zitronen, 4 Lot Zitronat, 4 Lot überzogene Pomeranzenschale, beides zerhackt; rühre alles wohl durcheinander, fülle die Formen und verfahre weiter nach Vorschrift.

BISCUITS CROQUANTS. Zum Schnee von 12 Eiweiß schütte man ½ Pfund fein gestoßenen durchgesiebten Zucker, mische es gut und füge 6 Lot des feinsten Mehls, 6 Lot Kraftmehl (beides durchgesiebt), die abgeriebene Schale von 2 Zitronen und ½ Tasse Orangenblütenwasser hinzu. Wenn alles mit einem hölzernen Spatel sachte durchgerührt, fülle man diesen Teig in einen Trichter und richte nun die Biskuite so an, wie die kleinen Biskuite. Diese B i s c u i t s c r o - q u a n t s werden jedoch größer als jene gemacht, sie dürfen nur im mäßig geheizten Ofen gebacken werden und müssen, wegen ihrer großen Zerbrechlichkeit, warm von dem Papiere abgelöst werden.

GEDULDSTÄFELCHEN (T A B L E T T E S D E P A T I E N C E). Von 8 Eiweiß schlage man einen dichten Schnee, während ein Gehilfe den Dotter mit 12 Lot fein gestoßenen Zucker anrührt; hierauf gieße man alles zusammen, füge 12 Lot Mehl, eine halbe Tasse Rosen- oder Orangenblütenwasser hinzu und mische alles gehörig. Wenn dieses geschehen, bestreiche man Blechplatten mit Butter, fülle einen drei- oder vierröhrigen Trichter mit dem Teig an, richte damit auf diese Platten runde Täfelchen an und schiebe sie in einen wohlgeheizten Ofen. Ehe sie erkalten, müssen die Täfelchen von dem Bleche abgelöst werden.

BAISERS. 8 Eiweiß und 2 Löffel Orangenblütenwasser werden in eine Terrine gegossen und zu einem recht dichten Schnee gepeitscht; man schütte noch ½ Pfund fein gestoßenen Zucker hinzu, rühre alles dieses vorsichtig durcheinander und richte den Teig in kleinen Häufchen, etwa von der Größe einer Kastanie, auf weißes Papier an, doch dürfen sie nicht so flach als jene sein, sie müssen oben schneckenförmig erscheinen. Wenn die Baisers bereitet sind, so lege man das Papier auf ein zolldickes Brett und bringe sie so in einen heißen Ofen. Sobald man bemerkt, dass sie anfangen, eine etwas gelbliche Rinde zu bekommen, so nehme man sie heraus und löse sie mit einem Messer von dem Papiere. Hierbei ist Vorsicht zu empfehlen, denn diese Ware ist sehr zerbrechlich. Mit einem Teelöffel nehme man nun den feuchten Satz, der sich im Inneren befindet, heraus, damit sie hohl werden. Auf der Spitze liegend, die offene Seite nach oben, lege man sie wieder auf Papier und auf dem Brette schiebe man sie in den Ofen, damit die hohle Seite austrockne. Nachher packe man sie vorsichtig in eine Schachtel und verwahre sie, bis man Gebrauch davon machen will. Sollen sie auf den Tisch gebracht werden, so fülle man das Innere mit geschlagener Sahne, oder mit Himbeergelee, füge zwei und zwei kugelförmig aneinander, lege sie auf einen Teller und richte sie schnell an, denn wegen der Feuchtigkeit, die sie enthalten, dauern sie nicht.

GESCHLAGENE SAHNE (CRÊME À LA NEIGE). Man nehme ½ Quart gute Sahne, 4 Lot gestoßenen Zucker und 2 Löffel voll Orangenblütenwasser, und schlage mit einer Birkenrute diese Mischung in einer Terrine so lange, bis oben ein dicker Schaum erscheint, dann fülle man mit einem Löffel solchen ab, lege ihn auf ein Sieb, unter welchen man einen Teller setzen muss, auf welchem das Flüssige, welches sich noch im Schaum befindet, abtröpfelt; man fahre fort, die Sahne zu schlagen, den Schaum abzunehmen und auf das Sieb zu legen, bis man so viel hat, als nötig ist. Statt Orangenblüten kann man auch einen anderen Zusatz nehmen, um der Sahne einen anderen beliebigen Geruch zu geben.

BERLINER KÖNIGSTORTE. Man nehme Pfund[2] süße Mandeln, wasche sie und stoße sie mit 6 Stück Eiern in einem Steinmörser recht fein; dazu tue man 1 Pfund Zucker in Stücken, 1 Pfund gute Butter, die abgeriebene Schale von 2 Zitronen und rühre alles mit der Reibekeule wohl durcheinander. Man schütte nunmehr 16 bis 18 Unzen gutes Mehl auf einen Tisch, gieße die Mischung darüber und knete alles mit den Händen tüchtig durch. Jetzt nehme man einen Bogen Papier und schneide ihn kreisförmig von der Größe, welche die Torte haben soll; ein zweiter wird ebenso, doch etwas kleiner geschnitten, ebenso ein dritter, vierter, fünfter usw., einer immer kleiner als der andere. Hat man nun auf diese Weise 8 bis 12 (je nachdem die Torte hoch werden soll) solcher runder tellerförmiger Blätter vor sich liegen, so nehme man ein Stück Teig, mangele es, bis es messerrückendick ist und lege das größte dieser Blätter darauf, schneide den überstehenden Teig ab, dass derselbe rund wie das Papier werde. So fahre man fort, bis man die gehörige Anzahl Teigblätter hat, dann backe man auf mit Papier belegten Blechen die Teigscheiben in dem Ofen, nehme sie, wenn sie hellbraun geworden, aus demselben und lasse sie erkalten. Nunmehr lege man auf eine Schüssel die größte dieser Teigscheiben, auf dieselbe eine Lage in Zucker eingemachter Früchte (Konfekt), über

---

2   Anm. des Verlags: Hier fehlt die genaue Mengenangabe im Original.

diese Fruchtschicht die zunächst größte Scheibe, dann wieder eine Lage Früchte usw., bis dass alle vorhandenen Teigscheiben verwendet oder bis die Torte die beliebige Höhe hat. Wenn man die Teigscheiben nach der Folge ihrer Größe auflegt, so wird die Torte kegelförmig spitz zulaufen (m.s. Tafel I.14). Man wechsele die Früchte bei den verschiedenen Lagen; z.b. man nehme in der ersten Schicht Kirschen, in der zweiten Äpfel, in der dritten Aprikosen, in der vierten Himbeeren, dann Quitten, Johannisbeeren usw. Oben legt man keine Konfektschicht, da diese letzte und kleinste Teigscheibe mit einem Zuckerguss glasiert werden muss, welcher auf folgende Art bereitet wird.

WEISSER ZUCKERGUSS. WEISSE GLASUR. Man nehme 8 Lot sehr fein gestoßenen Zucker bester Qualität, siebe ihn durch ein seidenen Sieb, schütte ihn in ein irdenes Gefäß, gieße das Weiße 1 Eies darüber (man hüte sich wohl einen Tropfen Gelbes beizumischen) und rühre es eine Viertelstunde mit einem hölzernen Löffel wohl durch. Nun drücke man etwas Zitronensaft hinein und fahre fort die Mischung eine halbe Stunde umzurühren. Je länger man in dieser Arbeit fortfährt, desto weißer und schöner gerät der Guss. – Nachdem man die Königstorte mit dieser Glasur überzogen, schneide man Zitronat und Pomeranzenschale in feine Fäden und in kleine, rautenförmige Stücke und schmücke damit sowohl oben als auch an den Seiten den Kuchen. Auch eingemachte Früchte können zur Verzierung benutzt werden. Die Torte wird, nachdem sie glasiert und verziert worden, ein paar Minuten in den Ofen geschoben, um den Guss trocknen zu lassen. Die Königstorte gehört zu den leckersten Erzeugnissen der Konditorei.

KLEINE WEICHE BREZELN. Aus dem Königstortenteig lassen sich sehr schmackhafte kleine Brezeln machen, die man zum Kaffee oder zum Nachtisch vorsetzen kann. – Nachdem die Brezeln gemodelt, bestreiche man sie mit Eigelb, bestreue sie mit Zucker und Zimmet und lasse sie in mäßiger Hitze backen. – Die Blechplatten, auf welchen man sie in den Ofen schiebt, müssen vorher mit Butter bestrichen werden.

ZIMMETWAFFELN, ZIMMETRÖHRCHEN. Man nehme 12 Lot gestoßenen und gesiebten Zucker, 12 Lot geschmolzene Butter, 12 Lot des feinsten

Mehls, 1 Lot gestoßenen Zimmet und 1 Ei. Mit so viel Milch, als dazu erforderlich, rühre man diese Ingredienzen zu einem dünnen leicht-flüssigen Teig an. Dann mache man das Waffeleisen heiß, bestreiche es vor dem Gebrauche mit Butter, tue einen Löffel voll Teig hinein und backe die Waffeln auf beiden Seiten bei hellem Feuer; wenn sie braun sind, werden sie über einem hölzernen Zapfen zusammengewickelt.

WAFFELN AUF DEUTSCHE ART. Man schütte in ein großes, irdenes Gefäß 17 Unzen des feinsten Mehls, ¼ Quart gute Bierhefe, gieße so viel abgekochte Milch hinzu, als nötig ist, um einen flüssigen doch nicht zu dünnen Teig zu bilden, und stelle dies Gefäß an einen warmen Ort, dass der Teig aufgehe. – Ist dies erfolgt, so nehme man 14 Eier, schlage das Weiße zu dichtem Schnee, gieße das Gelbe zu dem Teig, tue fer-ner die abgeriebene Schale von 2 Zitronen, das geschlagene Eiweiß, so wie auch 17 Unzen zerlassene Butter daran, rühre mit einem hölzer-nen Spatel die Masse behutsam durcheinander und stelle die Schüssel wieder an einen warmen Ort, dass der Teig aufgehe. Das Waffeleisen wird sodann heiß gemacht und mit Butter bestrichen, der Teig mit einem Löffel eingefüllt und bei hellem starken Feuer auf beiden Seiten schnell gebacken. Man muss den Löffel nicht in der Schüssel liegen lassen und beim Einfüllen den Teig behutsam von oben abschöpfen. Die braun gebackenen Waffeln werden mit Zucker bestreut.

BERLINGO. Man nehme 1 ½ Pfund Mehl, schütte es durchgesiebt auf den Backtisch, mache in der Mitte dieses Haufens ein Loch, gieße 10 Eier hinzu, tue ½ Pfund gute Butter, die abgeriebene Schale von 2 Zitronen, nebst 1 Pfund Farinzucker daran und wirke alles zu einem festen Teig. – Sollte die Masse noch zu weich und fett erscheinen, so verdichte man sie noch mit etwas Mehl. – Nunmehr nehme man ein Stückchen Teig, rolle es zwischen den Händen walzenförmig, 1 Fin-ger lang, 1 Finger dick, und mit einem runden Stäbchen, einer Mes-serschale oder dergl. kerbe man diese Teigwalze der Länge nach ein, sodass die eine Hälfte dicker und die andere dünner wird (m.s. Tafel II.6.) (aa ist das runde Stäbchen, bb der dickere, breitere Teil, cc der dünnere, spitzere Teil des Teiges). Sodann bilde man aus den Teig-streifen einen etwa talergroßen Kranz, sodass der gedachte Einschnitt oder Kerb nach außen, der breitere Teil unten, der schmalere oben komme (m.s. Tafel II.7.). So fahre man fort, lege die Kränzchen auf Papier und lasse sie in mäßiger Hitze goldgelb backen, dann überziehe man sie mit der oben beschriebenen weißen Zuckerglasur. Man tauche sie nämlich in den Guss, dass nur die Ränder mit weiß glasierten Streifen überzogen werden. – Schließlich lege man sie noch ein paar Minuten in den Ofen, dass der Guss trockne.

BRAUNES BACKWERK (CONFITURES BRUNES). Wir lösen unser am Anfang dieses Werks gegebenes Versprechen und zeigen, wie die Abfälle an Zuckerwerk, Zucker, Bröckeleien usw. aller Art zu verwenden sind: Man stoße alle diese Abfälle recht fein, siebe sie durch ein seidenes Sieb auf den Backtisch, mache eine Höhlung in der Mitte des Haufens und gieße so viele Eier dazu, als zur Einknetung nötig; ferner tue man Zimmet und Gewürznelken, auch Zucker, so viel als nötig, alles wohl pulverisiert hinzu. Man mische alle diese Ingredienzen wohl durch einander und verarbeite sie mittelst einer Handvoll Mehl zu einem festen Teig, strecke diesen mit dem Mangelholze bis zur Dicke eines Messerrückens und gebe ihm mit dem Backrädchen allerhand Figuren, die man eine halbe Stunde in dem Ofen backen lässt. Ist dies geschehen, so kann man das Backwerk auf allerlei Weise durch weiße oder rote Glasur putzen. Wenn man zur weißen Zuckergussmasse ein wenig Cochenille und Rosenwasser mischt, so ist die rote Glasurmasse fertig. – Auch einen Schokoladenüberzug kann man bei dem braunen Backwerk anwenden. Man setzt nämlich Schokolade in einer kleinen Kasserolle mit etwas Wasser auf Feuer und rührt so lange, bis dass die Schokolade ganz aufgelöst und dick gekocht ist; Zucker, Zimmet oder Vanille können daran getan werden. Nicht minder kann

GELBER ZITRONENGUSS. zur Verzierung des braunen Backwerks benutzt werden. Diesen Zitronenguss fertige man ebenso an, wie den weißen Zuckerguss, nur muss man mehr Zitronensaft nehmen, z.B. auf ¼ Pfund Zucker nur 1 Eiweiß und so viel Zitronensaft als erforderlich, um den Teig flüssig zu machen. – Man bemerke: dass, je mehr die Mischung gerührt wird, desto weißer wird sie; um derselben die gelbe Farbe zu geben, füge man etwas Safrantinktur und das auf

Zucker abgeriebene, zerstoßene Gelbe von 1 oder 2 Zitronen hinzu. Die Safrantinktur wird durch Leinen geseiht. Hat man nun die verschiedenen Glasurmassen bereitet, so überziehe man das Backwerk damit, lege in die Mitte entweder ein Schokoladenplätzchen oder eine Pastille oder Dragée, bestreue es mit Zuckerkörnern à la nonpareille und lege es ein paar Minuten zum Trocknen in den Ofen. Sehr reizend und schmackhaft wird nun ein Backwerk erscheinen, dessen Abkunft wohl schwerlich ein Uneingeweihter erraten kann.

Von dem Marzipanteig

Der Marzipanteig ist in dem Laboratorium des Konditors von sehr großem Nutzen, weil er sich länger als 6 Monate hält, ohne zu verderben, und man ihn nach Zeit und Gelegenheit verwenden kann. So z.B. kann man denselben zu allerhand Mandelbackwerk brauchen, indem man 1 Pfund Marzipanteig statt ½ Pfund Mandeln und ½ Pfund Zucker nimmt und nun nach Vorschrift des Rezepts die etwa fehlende Dosis Zucker hinzufügt. Gesetzt, man wolle mit dem Marzipanteig Makaronen machen, dazu gehört wie bekannt (s.d. Art. süße Makaronen) 1 Pfund Mandeln und 2 Pfund Zucker, so nehme man 2 Pfund Marzipanteig und füge zu solchem noch 1 Pfund Zucker hinzu. Jetzt wollen wir die Zubereitung dieses Teiges folgen lassen.

Man nehme 4 Pfund süße Mandeln, werfe sie in kochendes Wasser, dass die Haut sich löse, dann schütte man sie in kaltes Wasser, enthäute und wasche sie. Man tue eine Handvoll davon in einen Steinmörser oder in eine Reibesatte, gieße 2 Löffel voll Wasser darauf und zerstoße sie zu einem sehr feinen Teig, in dem kein einziges Mandelfragment sichtbar sein darf. Auf eben diese Weise verarbeite man die übrigen Mandeln. Wir empfehlen dringend, die Mandeln nur handvollweise zu zerreiben, weil sonst der Teig schwerlich die nötige Feinheit erhalten würde. Jetzt tue man den Mandelteig in einen großen Kessel, schütte 4 Pfund besten, fein gestoßenen Zucker hinzu, setze das Gefäß auf Kohlenfeuer und rühre den Teig auf dem Feuer mit einem 2 ½ Fuß langen, armdicken, hölzernen, unten breiten Spatel um (m.s. Tafel II.8.). Man vernachlässige ja nicht das fleißige Umrühren, damit sich kein Teig an den Boden oder an den Seiten des Gefäßes festsetze, wodurch der Marzipan nicht allein gelbe Flecken, sondern auch einen brenzlichen Geschmack erhalten würde. Während dieser Arbeit wird die vorher ziemlich konsistente Masse flüssiger werden und stark abdunsten; das ist natürlich, so ist das Wasser, welches den Zucker schmelzt und durch die Hitze in Dampf verwandelt wird; es ist gerade der Zweck dieser Arbeit, welche unter immerwährendem Rühren zwei Stunden lang fortgesetzt werden muss; wenn nach dieser Zeit der Teig so beschaffen ist, dass er nicht an dem Löffel kleben bleibt, wenn man solchen hineintaucht, so ist er lange genug auf dem Feuer gewesen. Jetzt bringe man, indem man das Gefäß schief hält, den Teig auf die eine Seite der Pfanne, reinige mit der Kelle den Boden und die freie Seitenwand derselben, bestreue sie mit Mehl und bringe dann den Teig auf diese Seite. Ebenso reinige man den nun freigewordenen anderen Teil des Gefäßes und bestreue auch diesen mit Mehl. Wenn dies geschehen, fasse man den Kessel bei den beiden Henkeln und handhabe ihn wie ein Sieb, dass der Teig sich zu einem einzigen Strick verbinde und einem länglichen Brote ähnlich werde. Dies Marzipanbrot lege man auf einen Bogen Papier oder auf einen mit Mehl bestreuten Tisch, um es bis zum ferneren Gebrauche aufzubewahren. Wenn man den Teig mit der empfohlenen Vorsicht gehörig bereitet, so hält er sich wohl 6 Monate, ohne zu verderben; versäumt man aber, ihn gehörig abdunsten zu lassen, so wird er schon nach 10 Tagen sauer und unbrauchbar. Soll der Marzipanteig sofort verbraucht werden, so ist freilich ein so vollkommenes Austrocknen nicht unumgänglich nötig.

Vom Gebrauche des Marzipanteigs

Der Marzipanteig gehört zu den feinsten Massen und wird demnach nur zu feinen Konfitüren gebraucht. Durch einen Zusatz von Mehl lässt sich eine Masse von geringerer Qualität herstellen. Man verwendet den Marzipanteig zu einer Menge von Konfekten; einige Arten derselben mögen hier folgen. Geschickte Künstler werden leicht nach diesen Mustern eine Menge anderer zusammenstellen; wir aber würden die Grenzen dieses Büchleins überschreiten, wenn wir die Zahl dieser Rezepte vermehren wollten.

ZIMMETKONFEKT. Man löse 1 Pfund Marzipanteig mit so viel Eidotter auf, als erforderlich ist, eine Masse zu machen, welche sich mit dem Messer leicht dehnen lässt; man füge 1 Lot fein gestoßenen Zimmet hinzu und rühre alles wohl durcheinander. – Nachdem man aus Oblatblättern allerhand Figuren geschnitten hat, trage man die Masse messerrückenhoch auf solche auf und backe sie in mäßiger Hitze. – Um diesem Konfekt ein noch schöneres Ansehen zu geben, kann man es glasieren.

ZITRONENKONFEKT. Wird wie das vorige bereitet, nur bemerke man, dass zum Auflösen des Marzipanteiges nicht das Gelbe, sondern das Eiweiß anzuwenden ist. – Statt des Zimmets aromatisiert man dies Konfekt mit abgeriebener Zitronenschale.

SCHOKOLADENKONFEKT. Auf 1 Pfund Marzipanteig nehme man 4 Lot Schokolade, zerreibe sie mit ein wenig heißem Wasser am Feuer zu einem Brei, gieße denselben über den Marzipanteig, füge Zimmet oder Vanille hinzu, arbeite die Masse gut durch und streiche sie auf zugeschnittene Oblatblätter. – Auch dies Konfekt verlangt nur mäßige Ofenhitze.

ORDINÄRE MANDELBERGE. Wir gaben früher die Anweisung, feine Mandelberge zu bereiten; eine geringere Torte macht man auf folgende Art: Man löse ½ Pfund Marzipanteig in 4 bis 5 Eiweiß auf; füge ¼ Pfund Farinzucker, ½ Pfund süße Mandeln, welche man zuvor in feine, längliche Stücke zerschneiden muss, und etwas gestoßenen Zimmet hinzu, rühre alles wohl durcheinander und richte die Masse in kleinen Häufchen auf Papier an. – Auch Mandelberge werden nur in mäßiger Ofenhitze gebacken.

MANDELKRÄNZE. Man nehme ½ Pfund Marzipanteig, 2 bis 3 Eiweiß, etwas gestoßenen Zimmet und ein wenig Mehl, und knete die Mischung zu einem Teig. – Grob gehackte Mandeln streue man auf den Arbeitstisch, bilde aus dem Teig etwa fingerlange Würstchen, wälze sie auf diesen gehackten Mandeln und vereinige dann die beiden Enden zu einem Kranze. – Auf Papier gelegt, schiebe man sie in einen wohlgeheizten Ofen und lasse sie hellbraun backen.

MARZIPANNÜSSE. Man nehme ein Stück Marzipanteig, knete es mit fein gestoßenem Zimmet tüchtig durch und dehne die Masse mit dem Mangelholze bis zur Dicke eines ½ Fingers; man schneide sie in kleine Stücke und fülle damit Formen (von Birnbaumholz), in welchen zwei Nussschalen mit ihren Narben, Reifen usw. eingeschnitten sein müssen. Diese Formen werden zuvor mit Mehl eingepudert und der Teig in dieselben fest eingedrückt, mit einem Messer aber wird das Überflüssige abgestrichen. Ist dies geschehen, so schlage man den Teig aus den Formen, verwende so fortfahrend die übrige Masse, lege diese Marzipannussschalen, die hohle Seite nach unten, auf Papier und lasse sie 4 Tage lang trocknen; darauf bringe man sie eine Viertelstunde in einen schwach geheizten Ofen, überziehe sie mit einer Glasur von Wasser und Zucker und lasse sie ein paar Minuten zum Trocknen im Ofen liegen. – Nunmehr fülle man das Innere jeder Nussschale mit einem beliebigen Kompott, bestreiche die Ränder mit einer Auflösung von Gummi arabicum und füge sie zwei und zwei zusammen. – Bis zur Täuschung ähnlich werden diese Nüsse Auge und Zunge befriedigen. –

BRATWÜRSTCHEN VON MARZIPAN. Man setze ¼ Pfund Schokolade auf einer Blechplatte über Kohlenfeuer, um sie zu erweichen und zu schmelzen, werfe sie dann in ein irdenes Gefäß, um sie mit ein wenig Wasser aufzulösen, füge 1 Pfund Marzipanteig, 1 Lot fein gestoßenen Zimmet, 6 bis 8 pulverisierte Gewürznägelein oder auch etwas Vanille hinzu und färbe die Masse rot. Man knete diese Masse wohl durch und bilde dann daraus die Würstchen; den Tisch, auf welchen man dieselben rollt, bestreue man mit grob gehackten Mandeln. – Die sich hie und da ansetzenden Mandelfragmente ahmen gut das Fett der Wurst nach. Die fertigen Würstchen lasse man einige Tage auf Papier liegen, damit sie trocknen, dann aber bei mäßiger Hitze backen.

BLUTWURST VON MARZIPAN (CERVELAS). Auf ein Pfund roten nehme man ein ½ Pfund weißen Marzipanteig, schneide alles in kleine, unregelmäßige Stücke und menge sie durcheinander. – Nun nehme man ganz trockne, durchsichtige, von allem Fett befreite Schweinedärme, stopfe die gemengten Marzipanstückchen recht fest hinein und presse sie wohl zusammen. Man befeuchte seine Hände bei dieser Arbeit mit Mandelöl, wodurch die Wurst glänzend wird. Diese Blutwurst wird nicht allein bis zur Täuschung ähnlich, sondern auch vortrefflich vom Geschmack sein.

MARZIPANSCHINKEN. Man nehme 8 Pfund Marzipanteig, wirke ihn mit fein gestoßenem Zucker und teile die Masse in zwei ungleiche Teile von 5 und 3 Pfund. Den größeren Teil färbe man rot, durchwürze ihn mit 1 Lot Zimmet, 1 Lot Gewürznäglein (alles fein gestoßen) und bilde daraus die bekannte Schinkenform.

Mit einem Messer mache man nun in der Mitte des roten Teiges, welcher das magere Fleisch vorstellt, Einschnitte, und fülle sie mit weißem Teige, der das Fett darstellt, aus; ferner dehne man den Rest des übrigen weißen Marzipanteiges mit dem Mangelholze aus und lege ihn als obere Fettlage 2 oder 3 fingerhoch auf; dies muss geschickt und mit Beachtung des Natürlichen gemacht werden. Um die Schwarte des Schinkens darzustellen, koche man ¼ Pfund Schokolade in Wasser recht dick und bestreiche mehrmals die Oberfläche des Schinkens damit, wodurch der Zweck erreicht sein wird. Die Schokolade muss warm aufgetragen werden. Will man dies Konfekt noch wohlschmeckender machen, so nehme man etwas Vanille unter die Schokolade und bestreue die Schwarte mit gebröckelten Makaronen, wie die Köche den gekochten Schinken mit einer Brotkruste zu überziehen pflegen. Diese Marzipanschinken sind eine deutsche Erfindung.

HIMBEEREN VON MARZIPAN. Man nehme 1 Pfund Marzipanteig, den Saft von 4 Zitronen, ¼ Pfund Himbeergelee und etwas Cochenille, und rühre alles mit einem hölzernen Spatel gut durch einander. – Da durch Zufügung gedachter Flüssigkeiten die Masse etwas dünn wird, so verdichte man sie durch einen Zusatz von gestoßenem Zucker und einigen Handvoll Mehl. – Aus diesem Teig bilde man nun die himbeerähnlichen Kügelchen und lasse sie auf Papier 8 bis 10 Tage wohl trocknen. Wenn dies geschehen, gieße man ¼ Quart Himbeersaft in ein tiefes irdenes Gefäß, tue etwas pulverisierten Zucker und etwas Cochenille hinzu, werfe eine Handvoll Marzipanhimbeeren hinein und färbe dieselben darin. – Zugleich halte man ein Gefäß mit Hagelzucker (à la g r è l e) bereit. Dieser Hagelzucker wird nämlich folgender Art gefertigt. – Durch ein seidenes Sieb trennt man vom gestoßenen Zucker den ganz feinen Zuckerstaub ab. Das Residuum siebt man durch ein Haarsieb, was nun in diesem zurückbleibt, nennt man in der Kunstsprache H a g e l z u c k e r. – In diesem Hagelzucker wälze man die mit Himbeersaft angefeuchteten Marzipanfrüchte, dass die Körnchen sich an denselben festsetzen, und lege sie behutsam zum Trocknen hin. – Diese Himbeeren werden zum Erstaunen ähnlich erscheinen.

Weisses Marzipan (au naturel). Man wirke den Marzipanteig mit Zucker wohl durch, dehne ihn bis zur Stärke eines Messerrückens, und schneide mit dem Backrädchen allerlei Figuren daraus, als: Herzen, Sterne, Rosetten usw., umsetze diese Figuren mit einem fingerbreiten Marzipanrand und kneipe ihn mit einem Kneipeisen, dass er kraus aussieht (m.s. Tafel I.15). Nun lasse man den Marzipan 8 Tage lang wohl trocknen, dann aber in einem schwach geheizten Ofen hellgelb backen. – Man koche etwas Zucker in Orangenblütenwasser (zur großen Perle) und bestreiche damit die Ränder des Marzipans, dessen Grund man mit dem oben beschriebenen weißen Zuckerguss bezieht. Man halte feine, schmale, fadenartig geschnittene, überzogene Pomeranzenschale und rautenförmige Zitronatblättchen bereit. Erstere lege man zweig- oder stielartig auf den vom Guss noch feuchten Marzipangrund, füge das Zitronat als Blätter an und lege schließlich allerlei farbige, in Zucker eingemachte Früchte auf, als: Wallnüsse, Kirschen, Mirabellen, Aprikosen usw. Hat man den Marzipan auf diese Weise sauber und geschmackvoll belegt, so lasse man den Guss im Ofen trocknen und glänzend werden, darauf bestreiche man die obere Seite der Ränder mit irgendeinem Zuckersaft und bestreue sie n o n p a r e i l l e.

Rosa Marzipan. Man verfahre ganz wie oben gelehrt worden, nur tue man zu der Zuckerglasur ein wenig Cochenille und einige Tropfen Rosenessenz. – Auch nimmt man dazu, statt des Orangenblütenwassers, Rosenwasser.

Vom Gewürzkuchen (Pfefferkuchen, Lebkuchen)

Die Anfertigung der Gewürzkuchen verdient gewiss die besondere Beachtung des Kunstbäckers, weil die feinen Sorten nicht allein zu den schmackhaftesten, sondern auch weil Gewürzkuchen überhaupt zu den einträglichsten Konditoreiwaren gehören. Die holländischen, flandrischen, Danziger, Königsberger, Nürnberger, Thorner sind die vorzüglichsten.

Wir bemerken zuvorderst, dass es wesentlich notwendig ist, den Gewürzkuchenteig gut durchzukneten, 1. damit so viel Mehl als möglich eingewirket, 2. damit die Pottasche möglichst gleich verteilt werde. Geschieht letzteres nicht, so wird der Teig an manchen Stellen viel höher aufgehen, als an anderen.

Alle Gewürz- und Pfefferkuchen, die Pfeffernüsse ausgenommen, müssen, ehe sie in den Ofen gebracht werden, mit Milch bestrichen werden. Durch dies Bestreichen werden sie eben, glatt und sauber erscheinen. Wenn sie warm aus dem Ofen kommen, so beziehe man sie, je nachdem man sie braun oder weiß haben will, mit einer Auflösung von Hausenblase in Bier, oder mit Milch. Das Auflegen der Mandeln und des Zitronats geschieht, ehe sie trocken geworden sind.

HOLLÄNDISCHER ODER FLANDRISCHER GEWÜRZKUCHEN (HALB FEIN). Man koche 6 Pfund Honig bei starkem Feuer, bis er nicht mehr schäumt. Unterdessen siebe man eine gute Quantität Mehl in ein hölzernes Backgefäß, gieße dann den kochenden Honig hinzu und rühre mit einem hölzernen Spatel beides so lange zusammen, bis der Teig fest ist und der Honig kein Mehl mehr annimmt. – Dann lasse man ihn eine Viertelstunde ruhig erkalten. Schon am Vorabend des Tages, an welchem man Gewürzkuchen zu backen gedenkt, löse man 6 Lot beste weiße Pottasche in ¼ Quart Milch auf und lasse sie über Nacht stehen. – Dann gieße man solche über den erkalteten Honigteig und knete sie mit demselben recht tüchtig durch. – Jetzt zerteile man den Teig in kleinere Stücke und bringe ihn in Formen. – Diese Gewürzkuchenformen sind in Birnbaumholzplatten ziemlich tief eingeschnitten, und müssen von verschiedener Größe sein. Zu einpfündigen Gewürzkuchen nehme man 28 Unzen Teig, usw., knete jedes abgewogene Stück noch einzeln durch, reibe es mit Mehl, damit es nicht an der Form festklebe und bringe nun jedes in die passende Form, drücke es ein und wende dann die Formen, um die Kuchen heraus zu klopfen. Nunmehr lege man sie in Reihen auf eine mit Provenceröl bestrichene Blechplatte, kehre mit einer weichen Bürste den etwa auf den Gewürzkuchen haftenden Mehlstaub ab, schiebe sie in den Ofen und lasse sie bei guter Hitze backen. Ist dies geschehen, so nehme man gespaltene Mandeln, Zitronat und überzogene Pomeranzenschale, zerschneide sie in rautenförmige Stücke und schmücke damit die Oberfläche der Kuchen.

Endlich nehme man Pomeranzenschalen, schäle das Weiße aus, koche das Gelbe, doch nicht zu stark, hacke es und streue es auf den Tisch; man löse die nun schon etwas erkalteten, größeren Gewürzkuchen von ½ Pfund und darüber mit einem Messer von dem Bleche und drücke die Seite derselben auf diese zerhackte Pomeranzenschale. Sie erhalten dadurch das Ansehen, als seien sie ganz mit Pomeranzenschalen angefüllt. Wenn man will, kann man auch gehackte Pomeranzenschale und Zitronat unter den Teig kneten.

GEWÜRZKUCHEN ERSTER QUALITÄT. Um diese zu bereiten verfahre man nach oben angegebener Anweisung. Wenn der Teig mit der Pottasche wohl durchgearbeitet ist, füge man noch hinzu: 8 Lot Anis, 4 Lot Koriander, ebenso viel Zimmet und 2 Lot Gewürznäglein, alles pulverisiert; ferner 1 Pfund Zitronat, ebenso viel überzogene Pomeranzenschalen, alles in feine Stücke geschnitten. – Diese Masse wirke man gut durcheinander und wäge sie in kleineren Portionen von 28 Unzen, die einen einpfündigen Pfefferkuchen geben, ab. Mit den Händen forme man daraus länglich viereckige, 2 oder 3 fingerdicke Kuchen und lege sie auf Blechplatten, die man zuvor mit Mandelöl bestreichen muss. Gegen die 4 Seiten der Platte und die darauf liegenden Gewürzkuchen lege man 4 eichene Leisten, dass die Kuchen, die an der Seite liegen, nicht zusammenfallen. Wenn dies geschehen, bepinsele man die Oberfläche der Gewürzkuchen mit Milch, schiebe sie in den Ofen, dass sie aufgehen und bräunlich backen. Unterdessen enthäute man süße Mandeln, spalte sie, zerschneide Zitronat und überzogene Pomeranzenschale, bestreiche die fertigen Gewürzkuchen mit einem

Dekokt von Hausenblase in Bier und belege sie geschmackvoll und sauber mit diesen Mandeln und dem Zitronat. –

Ordinäre Pfefferkuchen. Man koche 3 Pfund Honig mit 4 Pfund Wasser ¼ Stunde lang, gieße ihn siedend über Mehl und knete einen festen Teig. Über diesen etwas erkalteten Teig gieße man 6 Lot Pottasche, welche schon am Abend vorher in Milch aufgelöst werden muss, sowie auch etwas zerstoßenen Anis hinzu, wirke alles gut durcheinander und treibe die Masse auf einem mit Mehl bestreuten Tische aus. – Mit dem Backrädchen steche man daraus allerlei Figuren ab und backe solche auf mit Öl bestrichenen Platten. –

Pfeffernüsse. Von demselben Teig macht man auch Pfeffernüsse, doch pflegt man etwas mehr Anis beizumischen. – Nachdem die Nüsse mit den Händen geformt, lässt man sie mehrere Tage zum Trocknen an einem warmen Orte liegen und bringt sie dann erst in den Ofen.

Von den Kesselarbeiten oder Pfannenarbeiten

So nennt man den wichtigen Teil von Arbeiten, welche der Konditor mittelst eines Kessels oder einer Pfanne herstellt. Dahin gehören: das eigentliche Zuckerwerk, eingemachte Früchte (sowohl in Zucker als in Branntwein), Gelees, Kompotts usw. Da das Kochen und Läutern des Zuckers den größten Einfluss auf diese Arbeiten hat, so müssen wir vor allen Dingen von der Art der Läuterung und von den verschiedenen Graden des Zuckerkochens handeln.

Von der Läuterung (Clarification) des Zuckers

Man tue das Weiße einen Eies in eine Konditorpfanne, gieße ein Glas Wasser zu und schlage es mit einem kleinen Besen von Birkenreis recht durcheinander. Man gieße nach und nach etwa 1 ½ Quart Wasser hinzu und fahre mit dem Schlagen fort. Nunmehr schütte man 4 Pfund Zucker in kleinen Stücken hinzu, setze die Pfanne aufs Feuer und schäume ihn fleißig, wenn er kocht. Wenn er aufwallt und überzulaufen droht, so gieße man, um dies zu verhindern, etwas Wasser hinzu; er wird sogleich fallen, und dies ist der Augenblick, wo man ihn abschäumen muss. So fahre man fort, bis sich auf dem Zucker nur noch ein leichter, weißlicher Schaum zeigt; dann nehme man die Pfanne vom Feuer, lege ein feuchtes Tuch über ein irdenes Gefäß und seihe den nun geläuterten Zucker durch.

Vom Zuckerkochen

Nachdem der Zucker geläutert worden, koche man ihn zu dem Grade, welcher die vorzunehmende Arbeit erheischt. – Man kann den Zucker zu folgenden Graden kochen:

Erster Grad. Zum Breitlaufen (au lissé). Man lasse den geläuterten Zucker aufkochen. Die Probe, dass er den Grad erhalten, ist folgende: Man lasse vom Rande der etwas hoch zu haltenden Schaumkelle einen erkalteten Tropfen auf den Daumen fallen, lege den Zeigefinger darauf und hebe sofort ihn wieder auf. Wenn der Zucker sich dann als Faden von einem Finger zum anderen auszieht und sogleich bricht, so hat er den ersten Grad, so ist er zum Breitlaufen. – Wenn der Faden ganz dünn erscheint, so ist er zum kleinen Breitlaufen.

Zweiter Grad. Zur Perle (à la perle). Kocht der Zucker noch ein paarmal mehr auf, so wiederhole man den eben beschriebenen Versuch. Wenn der Faden sich zwischen den Fingern auszieht ohne zu zerreißen, so ist er zur kleinen Perle. Dehnt man die Finger so weit als möglich, ohne dass der Faden zerreißt, so ist der Zucker zur großen Perle. Diesen Grad erkennt man auch aus der Gestalt der kochenden Masse; sie zeigt sich in Gestalt von vielen runden Perlen, die eine über die andere zu rollen scheinen.

DRITTER GRAD. ZUM FLUG (au soufflé). Man lasse den Zucker zur großen Perle noch etwas länger kochen, dann nehme man davon in den Schaumlöffel, lasse diesen etwas ablaufen und blase hinein. Setzen sich hinter den Löchern der Schaumkelle keine Blasen an, so hat der Zucker den Grad zum Flug.

VIERTER GRAD. ZUR FEDER (à la plume). Lässt man den Zucker so lange kochen, bis sich auf der Oberfläche Blasen zeigen, die stark rauchend zerplatzen, so kann man annehmen, dass er den vierten Grad erreicht habe. Man tauche den Schaumlöffel hinein und ziehe ihn wieder heraus, indem man ihn stark durch die Luft schwenkt; wenn sich der Zucker in Gestalt von fliegenden Federn flockig zeigt, so ist er zur großen Feder à la grande plume.

FÜNFTER GRAD. ZUM BRUCH (au cassé). Um zu erproben, ob der Zucker zum Bruch ist, nehme man ein Glas kalter Wasser, tauche einen Löffel erst in dieses, dann in den siedenden Zucker und ziehe ihn eiligst aus letzterem, um ihn wieder in das Wasser zu tauchen. Wenn nun der zwischen den Fingern geriebene Zucker knackt, so hat er den fünften Grad, zum Bruch, erreicht.

SECHSTER GRAD. ZUM KARAMELL (au caramel). Der Zucker zum Bruch klebt immer an den Zähnen, wenn man ihn zerbeißt. Der Karamell muss im Gegenteil sich zwischen den Zähnen rein zerbrechen, ohne daran hängen zu bleiben. Es ist nicht ganz leicht, den Grad zu treffen, weil man Gefahr läuft, den Zucker zu verbrennen. – Man muss demnach aufmerksam sein, die Probe oft wiederholen und den Zucker vom Feuer nehmen, sobald er rein zwischen den Zähnen bricht.

Noch einige Bemerkungen über das Läutern und Kochen des Zuckers

Wenn die Ausläuterung geschehen ist, lasse man nie den Schaumlöffel in der Pfanne oder in dem Kessel liegen. – Man rühre nicht mit demselben den Zucker, wenn er abgeschäumt ist, weil der Zucker dann schwinden, d.h. an Quantität verlieren würde. Bei dem Kochen des Zuckers zum Bruch oder Karamell steigt und fällt die

Masse fortwährend in der Pfanne und setzt oben am Rande Zucker an, der bei der Hitze leicht brennen und die ganze Masse verderben würde. Man muss demnach diesen Ansatz jedes Mal mit einem nassen Schwamme abwischen.

Den Schaum beim Abläutern werfe man nicht weg, sondern sammle ihn in einem irdenen Gefäße, spüle auch die Pfanne und den Löffel nach beendeter Arbeit mit Wasser aus und gieße dieses zu jenem Abgange; wir werden später sehen, wozu solcher zu benutzen ist.

Zitronenbonbons. Man läutere 2 Pfund feinen Zucker und koche ihn zum Karamell. – Ehe er aber diesen Grad erreicht, schütte man die abgeriebene Schale einer Zitrone hinzu. – Während der Zucker kocht, lasse man etwas ungesalzene oder ausgewaschene Butter in einem kleinen Tiegel schmelzen und kläre sie ab. Mit einem Teelöffel voll derselben bestreiche man die Platte eines Marmortisches und gieße den Zucker darauf. – Ohne Verzug nehme man sodann eine Degenklinge, fasse sie bei den beiden Enden und drücke damit zollbreit voneinander stehende Linien, erst der Länge, dann der Breite nach, in die Masse ein. Auf diese Weise erhält man kleine Täfelchen von einem Quadratzoll (m.s. Tafel II.1.). Diese Arbeit muss schnell von Statten gehen, dass der Zucker nicht erkalte. – Man löse dann den Zucker von der Marmorplatte ab, lege ihn auf Papier, und wenn er erkaltet, so breche man die kleinen Quadrate ab und wickele sie, nach bekannter Art, in Papier.

Schokoladenbonbons. Diese werden wie Zitronenbonbons gemacht, nur nehme man statt der Zitronenschale auf 2 Pfund Zucker ½ Pfund Schokolade, man lasse letztere über Feuer flüssig werden, gieße ein paar Löffel des siedenden Zuckers, der dann erst zur kleinen Perle sein muss, hinzu, rühre ihn mit der Schokolade durch und schütte diese dann in die Pfanne, lasse dann den Zucker bis zum Karamell kochen, und verfahre weiter, wie oben gelehrt.

Gerstenzucker. Man läutere zwei Pfund Zucker und koche denselben zu Karamell; hierbei bediene man sieh jedoch nicht der gewöhnlichen Pfanne, sondern nehme eine nicht breite, wohl aber tiefe kupferne Kasserolle mit einem Schnabel (m.s. Tafel II.2.). Wenn der Zucker zu benanntem Grade kocht, gieße man ihn banden- oder reihenweise auf eine mit Butter bestrichene Marmorplatte. – Drei Personen sind bei dieser Arbeit, soll sie gut vonstatten gehen, nötig. Der eine gießt den Zucker in Reihen, zwei aber fassen jede ein Ende des gegossenen Streifens und winden ihn schraubenförmig, wodurch er die bekannte Form (m.s. Tafel II.5.) erhält.

Pasten oder Pastillen. Zum Anfertigen der Pastillen gebraucht man mehrere Gerätschaften: 1. eine kleine kupferne Kasserolle, welche eng und tief, mit spitzem Schnabel und ziemlich bequemen Stiel versehen sein muss, (m.s. Tafel II.2.); 2. einen etwa armlangen vier Finger dicken Stock, welchen wir Rührholz nennen wollen (m.s. Tafel II.4.); 3. Ein Finger dickes, zwei Finger langes, spitzzulaufendes, rundes Stäbchen, dessen Spitze in den Schnabel der Kasserolle hineinpasst; dies Stäbchen nennen wir Tropfholz, (m.s. Tafel II.5.); endlich 6 bis 8 Blechplatten von der Größe eines Papierbogens.

Feine Pastillen. Weisse Orangenblütenpastillen. Man siebe 1 oder 2 Pfund pulverisierten, besten Zucker durch ein seidenes Sieb auf einen großen Bogen Papier, werfe 4 bis 6 Löffel voll davon in die oben beschriebene Kasserolle, gieße etwas Orangenblütenwasser darüber, und rühre mit dem Rührholze die Mischung um, welche fließend, doch nicht zu dünn sein darf. – Sollte sie letzteres sein, so tue man noch etwas Zucker hinzu. Nun setze man die Kasserolle auf Kohlen und rühre fortwährend, bis der Zucker anfängt zu kochen, dann setze man das Gefäß ab, schütte noch 2 Löffel voll Zucker hinzu und rühre denselben mit dem Rührholze ein. Jetzt fasse man die Kasserolle mit der linken Hand, halte sie in schräger Richtung über eine Blechplatte, dass der Zucker bis an die Spitze des Schnabels heranfließt, mit der rechten Hand nehme man das Tropfholz, klopfe damit auf den Schnabel des Gefäßes, dass die Masse aus demselben tropfenweise auf die Platte falle. Dies Verfahren wird in der Beschreibung dem, der es nie gesehen, etwas schwierig erscheinen, doch einige Übung wird den Künstler bald in den Stand setzen, es mit Leichtigkeit nachzumachen. – Wenn die Blechplatte vollgetropft ist, setze man die Kasserolle auf Kohlen, nachdem man Zucker und Orangenblütenwasser zugetan hat, und verfahre weiter nach Vorschrift.

ROTE PASTILLEN (À LA ROSE). Um rote Pastillen zu machen, nehme man etwas Saflor und ein Stückchen gebrannten Alaun, koche beides zusammen so lange im Wasser, bis dies die Farbe des Saflors angenommen hat, und filtriere oder seihe dann dies Dekokt durch ein starkes Leinen. Nun schütte man 5 bis 6 Löffel voll Zucker in die Schnabelkasserolle, löse ihn mit dem gefärbten Wasser auf, rühre mit dem Rührholz die Mischung um, setze die Kasserolle auf Kohlen, fahre fort zu rühren, bis die Masse kocht, setze sie dann ab, mische noch 2 Löffel Zucker hinzu, parfümiere sie mit einigen Tropfen Rosenessenz und verfahre weiter, wie oben gezeigt.

BLAUE VEILCHENPASTILLEN. Man nehme Veilchensaft und Wasser zu gleichen Teilen, löse damit den Zucker auf und verfahre weiter, wie oben gelehrt. – Mit einigen Tropfen Veilchenöl kann man allenfalls diese Pastillen parfümieren, doch ist dies nicht unumgänglich nötig, weil der beigemischte Saft ihnen bereits den Veilchengeruch gibt.

GELBE PASTILLEN. Ganz auf dieselbe Weise macht man die gelben Pastillen, löset aber den Zucker in einem Safrandekokt auf und parfümiert die Masse nach Belieben mit einem Paar Tropfen Zedernessenz oder Bergamottessenz.

ORDINÄRE PASTILLEN. Um diese ordinären Pastillen herzustellen, nehme man auf 4 Lot Zucker, ¼ Pfund Kraftmehl, lasse alles Wohlriechende weg und verfahre wie gewöhnlich. Man hüte sich, die Masse zu lange auf dem Feuer zu lassen, weil dann die Pastillen klebrig werden.

Von den Kesseldragees

Die Anfertigung dieser Zuckerwerke erfordert nicht allein besondere Vorrichtungen, sondern auch eine besondere Sorgfalt, Genauigkeit, Vorsicht und Kenntnis. – Da der tätige und umsichtige Konditor aus diesem Teile seiner Erzeugnisse bedeutenden Vorteil ziehen kann, so wollen wir die zu beobachtende Verfahrungsweise möglichst vollständig darlegen.

Die zu dieser Arbeit nötigen Gerätschaften sind: 1. ein Kessel von ziemlich weitem Umfange (etwa 24 bis 28 Zoll im Durchmesser), der aber nicht höher als 9 Zoll sein darf. – Der Boden muss flach und eben, der Rand aber mit 3 Griffen versehen sein. Die beiden sich gegenüberstehenden (Tafel III.bb.) müssen 1 Fuß, der dritte zwischen beiden angebrachte etwa ½ Fuß im Umfang haben. 2. An der Decke des Laboratoriums befestige man einen starken Haken (m.s.Tafel III.d.), an diesen aber eine nach allen Richtungen bewegliche Rolle, und ziehe über dieselbe einen Strick. An jedem Ende dieses herabhängenden Stricks befestige man einen Haken, welcher in die Handgriffe des Kessels einfasst. Das Gefäß ist demnach wie eine Schaufel aufgehängt und beweglich. 3. Unter diesen Kessel stelle man einen Windofen mit 2 Türen, f, die kleinere dient zum Luftzug. – In Ermangelung kann man sich eines gewöhnlichen Bratofens bedienen, doch muss das Loch zum Feuern wenigstens 1½ Quadratfuß groß sein, damit die nötige Menge glühender Kohlen hineingeschafft werden könne. – Der Kessel muss so tief als möglich über den Ofen aufgehängt werden, damit die Hitze umso kräftiger wirken könne. Man lasse etwa 4 Zoll Spielraum zwischen beiden. – Dies ist die Vorrichtung, welche man zum Überziehen der Mandeln, des Korianders, der Kubeben usw. braucht.

Eine viel einfachere Vorrichtung erfordert die Überzuckerung des Anis, des Fenchels, des Kümmels und anderer Körner; sie besteht in einem etwa 4 bis 5 Fuß hohen Fasse, dessen Boden ausgeschlagen sind, in welches man ein Kohlenbecken dergestalt setzt, dass die Hitze mit gehöriger Kraft auf den Kessel wirke, welchen man oben auf das Fass stellt. Der Umfang des Fasses muss natürlich dem des Kessels angemessen sein (m.s. Tafel II.9.).

FEINE WEISSE MANDELN. Man lese eine beliebige Quantität der vorzüglichsten Mandeln aus, wasche sie in kaltem Wasser ab, lasse dasselbe ablaufen und die Mandeln 24 Stunden lang in einem Siebe liegen. Nach dieser Zeit aber wiege man sie und nehme auf 1 Pfund Mandeln 3 Pfund Zucker. – Letzteren läutere man, koche ihn bis zum ersten Grad und lasse ihn ein wenig auskühlen. Nun feuere man den Windofen, bringe ihn unter den herabhängenden Kessel (m.s. Tafel III) und stelle sich den gekochten Zucker auf ein Kohlenbecken zur Hand; man sorge dafür, dass derselbe in der Pfanne warm bleibe, ohne jedoch zu kochen, halte in der Nähe eine Mischung von ½ Pfund Kraftmehl und von ½ Pfund des feinsten Mehls bereit, und beginne das Werk.

Man schütte die Mandeln in den großen aufgehängten Kessel, gieße ein paar Löffel voll Zucker darüber und rühre mit der linken Hand, dass alle Mandeln befeuchtet werden, dann bestreue man sie, während sie noch nass sind, mit der rechten Hand mit einigen Handvoll Mehl und rühre sie um, dass sich das Mehl überall anlege, und setze dann den Kessel in Bewegung. Dies Schwenken, wodurch die Mandeln durcheinander geworfen werden, setze man fort, bis dass sie trocken sind. Dann gieße man wieder ein paar Löffel voll heißem Zucker hinzu, rühre sie um, streue Mehl darüber und schwenke wieder den Kessel. Auf diese Weise fahre man fort, bis dass die Mandeln groß und stark genug überzogen scheinen; den letzten Zuckerüberzug gibt man ihm ohne Zusatz von Mehl. Wenn sie mit diesem ausgeschwenkt und trocken sind, tue man sie zum völligen Austrocknen in Siebe und stelle sie an trockne Orte.

Während der Arbeit wird sich der überflüssige Zucker und das Mehl an den Boden des Kessels ansetzen; dann muss man die Mandeln herausnehmen, den Satz abschaben, den Kessel mit Wasser auswaschen und dann die Arbeit fortsetzen. Dies Abgeschabte benutzt man bei Bereitung der weißen Mandeln, oder schüttet es in den Abfallkasten.

Ordinäre weisse Mandeln. Das Verfahren bei Bereitung der ordinären Mandeln ist ganz dasselbe wie das oben beschriebene, nur nimmt man nicht auserlesen schöne Mandeln dazu, man bestreut dieselben nur mit feinem Mehle, und der anzuwendende Zucker braucht nicht geläutert zu werden. Das vorerwähnte (s.v.A.) Abgeschabte kann mit eingeschmolzen werden. Man richte sich übrigens ganz nach den im vorigen Artikel gegebenen Vorschriften.

Überzogener Koriander, oder Zuckererbsen. Wie bei dem Überziehen der feinen weißen Mandeln, verfährt man auch bei Bereitung der Zuckererbsen. – Man nehme 1 Pfund Korianderkörner und die dazu erforderliche Quantität feines Mehl. – Der Zucker braucht nicht geläutert zu werden. Die letzteren Male bediene man sich statt des gewöhnlichen Mehls, des feineren Stärkemehls, wodurch die Zuckererbsen weißer werden. In Siebe geschüttet, lasse man sie zum Trocknen liegen.

KRAUSE ZUCKERERBSEN. Zur Bereitung der krausen Zuckererbsen (e n f r i s u r e) braucht man eine Art Trichter (m.s. Tafel III.2.), der etwa ¾ Fuß lang ist und 1 Fuß im Umkreis hat; das Rohr ist nicht dicker als eine Federspule. – Am oberen Rande befinden sich zwei Ringe bb, durch diese zieht man eine doppelte Schnur, welche zusammengeflochten wird, wie die Stricke an einer Holzsäge. Zwischen diese straff angezogenen Schnüre stecke man ein 1 Fuß langes, fingerdickes, zugespitztes Stäbchen, welches durch den Trichter gehen und etwa zollbreit aus der unteren Röhre hervorstehen muss. Das Stäbchen darf nicht den Trichter genau verschließen, sondern muss einigen Spielraum in demselben haben. – Ferner binde man an 4 diametral gegenüberstehenden Ringen des Trichters 4 Schnüre cccc, knüpfe sie zusammen und befestige daran einen Haken g. Nun ziehe man in angemessener Höhe das Seil f.f. und bemerke dabei wohl, dass dasselbe gerade zwischen durch die Stricke gehen muss, an welchen der Kessel aufgehängt ist, damit, wenn dieser in Bewegung gesetzt wird, jenes nicht berührt werde.

Ist der Apparat so weit eingerichtet, so heize man den Windofen, werfe die Zuckererbsen, welche man acht Tage lang trocknen ließ, in den Kessel und schwenke diesen fortwährend; zugleich setze man eine Pfanne mit Zucker auf, wenn dieser zur großen Perle ist, nehme man ihn ab, lasse ihn ein wenig erkalten, und gieße ihn in den Trichter, den wir soeben beschrieben haben. Läuft der Zucker in dicken Fäden aus der Öffnung (welche man, um nichts zu verschütten, über die Pfanne hält), so drücke man das Stäbchen etwas tiefer ein; drängt sich der Zucker dagegen nur in dünnen Tropfen langsam aus, so ziehe man das Stäbchen etwas zurück. Entrinnt er aber in starken schnell aufeinanderfolgenden Tropfen, so hake man den Trichter in g an das diagonal gezogene Seil ff, gerade unter der Rolle, dass die Zuckertropfen in den Kessel auf die Zuckererbsen fallen. – Man schwenke nun diesen ganz langsam hin und her, rechts und links, fülle den Trichter, wenn der Zucker ausgelaufen ist, wieder an, und der Zweck wird erreicht sein. – Doch, wir wiederholen es, nur sehr langsam muss der Kessel bewegt werden; im entgegengesetzten Falle würde die Arbeit unnütz sein, die Zuckererbsen würden nie kraus werden. In Sieben lässt man das fertige Dragee mehrere Tage zum Trocknen liegen.

BUNTE ZUCKERERBSEN. Man pflegt den Zuckererbsen, glatten und krausen, verschiedene Farben zu geben. Man teile demnach die etwaige Quantität in 2 gleiche Hälften, die eine lasse man weiß, die andere färbe man zu gleichen Teilen rot, blau, gelb, violett und grün.

ROTE ZUCKERERBSEN. In einem kleinen Kessel rühre man einen Teelöffel voll Karmosin (v e r m i l l o n) mit 2 Löffel voll zur Perle gekochten Zucker an, schütte die zu färbenden Zuckererbsen hinein und handhabe das Gefäß wie ein Sieb, dass die Körner alle mit Farbe überzogen werden. Man schüttele sie nicht zu heftig, dass sie das Krause nicht verlieren; man vermeide auch, die Masse zu flüssig anzurühren, damit die Zuckererbsen nicht schmelzen. Auf Papier oder auf einem Siebe lasse man das gefärbte Dragee mehrere Tage trocknen.

BLAUE ZUCKERERBSEN. Man löse ein Stück Indigo im Wasser auf; wenn es recht dunkelblau ist, gieße man es in den wohlgereinigten kleinen Kessel, schütte die zu färbenden Zuckererbsen hinein und verfahre wie bei den roten gelehrt ist.

VIOLETTE ZUCKERERBSEN. Das Wasser, mit welchem man den Kessel ausgespült, nachdem man ihn zum Rotfärben der Zuckererbsen gebraucht hat, kann zum Violettfärben benutzt werden; man tue nämlich etwas Blau hinzu, schütte die zu färbenden Körner hinein und verfahre nach obiger Vorschrift.

GELBE ZUCKERERBSEN. Man löse Safran in Wasser auf, seihe das Wasser nach 24 Stunden durch Leinwand, drücke letztere wohl aus und verfahre weiter, wie oben angezeigt.

GRÜNE ZUCKERERBSEN. Gießt man zu dem Rest der oben genannten und gebrauchten Safranauflösung etwas Blau, so hat man die
hierzu erforderliche Farbe. Das übrige Verfahren ist gleich dem oben
Angegebenen.

ORDINÄRE BUNTE MANDELN. Auch die ordinären Mandeln kann man
wie die Zuckererbsen färben und kraus machen. Die Verfahrungsweise ist ganz dieselbe, wie sie bei dem A r t i k e l k r a u s e Z u c k e r -
e r b s e n weitläufig beschrieben worden. Feine überzogene Mandeln
werden, wenn man sie färbt, parfümiert mit Rosenwasser, Vanille,
Veilchensirup und dergleichen.

FEINER ÜBERZOGENER ZIMMET. FEINE ZIMMETSTÄNGELCHEN. Man
weiche ¼ Pfund Zimmet in Stangen (ganzen Zimmet) zwölf Stunden
lang in Wasser auf, dann zerschneide man ihn in dünne Stäbchen und
lasse diese auf Papier oder in Sieben vollkommen austrocknen. Wenn
dies geschehen, koche man Zucker mit etwas Wasser bis zur großen
Perle, halte auch etwas Kraftmehl in Bereitschaft, bringe sodann die
Zimmetstängelchen in den Drageekessel und überziehe sie nach
Art und Weise der feinen weißen Mandeln. Soll ein Teil dieser Ware
gekraust werden, so gebe man derselben einen minder starken Überzug. Man vergesse auch hier nicht das Abschaben des Bodensatzes,
welcher zur Anfertigung ordinärer Zimmetstängelchen benutzt werden kann. – Feine Zimmetstängelchen werden nie gefärbt.

ORDINÄRE ZIMMETSTÄNGELCHEN. Man weiche ¼ Pfund Gummitragant in so viel Wasser auf, als nötig ist, die Masse zu bedecken. – Am
folgenden Tage bringe man ihn in den Mörser und reibe ihn tüchtig
durch; je mehr man ihn auf die Art bearbeitet, desto weißer wird er.
Sodann tue man mit dem durchgesiebten Zuckerabfall aus dem Drageekessel, dessen wir eben gedachten, 1 Pfund fein gestoßenen Zucker,
ferner einen Löffel voll fein gestoßenen Zimmet hinzu und wirke in
diese Masse nach und nach 2 bis 3 Pfund Mehl ein, dies alles muss mit
dem Tragant durchgearbeitet werden. Um möglichst viel Mehl einzu-
kneten, gieße man von Zeit zu Zeit ein Glas Wasser hinzu. Mehr als
5 Pfund muss man jedoch nicht eintreiben, weil die Masse sonst alle

Elastizität verlieren würde. Wenn diese Arbeit vollendet, nehme man den Teig aus dem Mörser (Reibstein), lege ihn auf den Tisch, dehne ihn bis zur Dicke eines Messerrückens und zerschneide ihn dann fein in Stängelchen, etwa 3 Zoll lang und Strohhalm breit und lasse diese auf Papier oder in Sieben gehörig austrocknen.

Wenn sie recht trocken sind, bringe man sie in den Drageekessel und überziehe sie nach Art der ordinären weißen Mandeln; der ungeläuterte Zucker wird bis zur Perle gekocht. – Man bestreue sie statt des Kraftmehls mit gewöhnlichem Mehle und gebrauche jenes nur die letzteren Male, um ihnen die gehörige Weiße zu geben. Sollen diese Zimmetstängelchen gekraust werden, so überziehe man sie minder stark. Krause und Farbe gibt man ihnen nach der bei d e n Z u c k e r - e r b s e n angeführten Vorschrift.

Einige andere Körner zu überzuckern. Um Anis, Fenchel oder Kümmel zu überziehen, bedarf es nicht des komplizierten Apparats, wie zur Überzuckerung der Mandeln usw. Ein Fass (s.d. Art. Kesseldragee), aus welchem die Boden ausgeschlagen und in welches man, auf irgendeine Erhöhung, ein Kohlenbecken setzt, ist hinreichend. Auf das Fass stelle man einen passenden Kessel, der jedoch groß genug sein muss, um eine hinreichende Menge Körner auf einmal fassen zu können (m.s. Tafel II.9.). Die Körner selbst müssen auserlesen werden, um alles Heterogene zu entfernen. Dann wasche man sie in kaltem Wasser und lasse sie ablaufen und abtrocknen.

Man koche Zucker zum ersten Grade, stelle ihn warm, ohne ihn kochen zu lassen und halte feines Kraftmehl in Bereitschaft, tue glühende Kohlen in die Kohlenpfanne, setze diese in das Fass, den Kessel darauf und schütte die zu überzuckernden Körner hinein; wenn sie anfangen, heiß zu werden, gieße man ein paar Löffel gekochten Zucker darüber, rühre sie um, dass sich der Zucker ansetze, bestreue sie mit ein paar Handvoll Kraftmehl und rühre sie wieder, bis sie trocken sind, sodann gieße man aufs neue Zucker hinzu, bestreue sie abermals mit Kraftmehl und fahre also fort, bis sie hinreichend überzogen sind. Auf die letzte Zuckerlage bringt man kein Mehl. Man lässt diese Körner dann auf Sieben gut austrocknen.

NONPAREILLE. Also nennt man überzogene Mohnkörner. Sie werden auf die eben beschriebene Weise behandelt. Beim Färben beobachtet man das bei Z u c k e r e r b s e n angegebene Verfahren.

GEBRANNTE MANDELN. PRALINEN. Man nehme ein Pfund auserlesene Mandeln, wasche sie in kaltem Wasser, und lasse sie abtröpfeln und gut trocknen. Man koche 1 Pfund Zucker mit etwa ¾ Quart Wasser, ohne ihn zu schäumen, bis zum F l u g , schütte die Mandeln in den Kessel und rühre sie mit hölzernem Spatel so lange um, bis sich nur noch wenig oder gar kein flüssiger Zucker mehr in dem Kessel befindet, bis der an den Mandeln haftende Zucker anfängt zu trocknen, und bis die Mandeln anfangen zu knacken.

Nun nehme man sie ab, vermindere das Kohlenfeuer, setze sie wieder auf, stelle aber den Kessel schräg, sodass der Zucker am Boden des Gefäßes, indem er abschmilzt, auf die Mandeln fließe, wobei ein stetes Umrühren der Mandeln zu beobachten ist. Wenn in Folge dieses Verfahrens der Zucker angeschmolzen und auf den Mandeln getrocknet ist, so nehme man das Gefäß ab und lasse die Mandeln erkalten. Man kann übrigens die gebrannten Mandeln sowohl à l a r o s e , als auch mit Vanille parfümieren, besonders aber vermeide man, die Mandeln nicht zu hart werden zu lassen.

ZIMMETPRALINEN. Wenn die gebrannten Mandeln anfangen zu knacken, bestreue man sie mit einem Löffel voll gestoßenem Zimmet.

GEBRANNTE POMERANZENBLÜTE. Man nehme eine beliebige Quantität Pomeranzenblüte, schneide alles Grüne und Gelbe ab, wiege dann die weiße Blüte und nehme auf 1 Pfund derselben 2 ½ Pfund feinen Zucker. Man koche den letzteren mit 1 Quart Wasser und schäume ihn ab. Wann er d e n G r a d z u r F e d e r erreicht hat, schütte man die Pomeranzenblüte hinein, rühre alles fleißig aber langsam um, bis nichts Flüssiges mehr in dem Kessel zu sehen und der Zucker sich überall um die Blüten angesetzt hat. Dann nehme man den Kessel ab und fahre noch immer mit Rühren fort. Sollte der Zucker nicht vollkommen angetrocknet erscheinen, so muss man den Kessel wieder aufs Feuer bringen und das Verfahren wiederholen. E i n s t e t e s l a n g s a m e s

Umrühren ist wesentlich nötig. Wenn die Pomeranzenblüte völlig erkaltet, verwahre man sie in Gläsern. Der im Gefäße und am Spatel festklebende Zucker muss nach beendigter Arbeit abgeschabt werden, und man kann ihn bei Bereitung der gebrannten Mandeln benutzen.

SUPERFEINE DRAGEES. Man nehme ¼ Pfund besten Gummitragant, tue ihn in ein irdenes Gefäß, gieße ½ Quart Wasser darüber, decke das Gefäß zu und lasse es 24 Stunden stehen, doch nicht länger, besonders nicht im Sommer, weil Gärung eintreten würde. Folgenden Tages nehme man ein ellenlanges, etwa 3 Ellen breites Stück starkes, dichtes Leinen, tue eine Portion Tragant hinein und falte das Leinen in 3 Teile zusammen. Zwei Personen fassen, jede ein Ende, und ringen nun diese Leinwand nach Art wie gewaschenes Zeug nach dem Spülen gerungen wird; die feinsten Tragantteile werden in Folge dieser Handhabung durch das Leinen durchgepresst und in einem Gefäße gesammelt. Was in der Leinwand zurückbleibt, werfe man weg. Hat man auf diese Weise den vorhandenen Tragant geläutert, so bringe man ihn in den Steinmörser, und nachdem man ihn ½ Stunde tüchtig durchgerieben hat, wirke man 1 Pfund fein gestoßenen, durchgesiebten Zucker in die Masse; den nun ziemlich festen Teig lege man auf den Tisch, und teile ihn in 5 gleiche Teile, von denen einer weiß bleibt, die andern vier aber rot, blau, gelb und grün zu färben sind.

Ehe man die einzelnen Teile färbt, knete man in jeden insbesondere 1 Pfund pulverisierten, durch ein seidenes Sieb gesiebten, Zucker ein. Man wird den Teig von Zeit zu Zeit mit Wasser befeuchten müssen, damit er den nötigen Zucker annehme. – Sodann schreite man zur Färbung. Man löse ein wenig Cochenille in Wasser auf, tauche darin den rot zu färbenden Teig, parfümiere ihn mit Rosenwasser und einigen Tropfen Rosenessenz, und arbeite Farbe und Wohlgeruch durch fleißiges Kneten sorgsam ein.

Um den anderen Teil der Tragantmasse blau zu färben, tauche man ihn in aufgelöstem Indigo und parfümiere ihn mit Veilchenöl. Auch hier ist tüchtiges Durchkneten wesentlich nötig.

Um einen dritten Teil gelb zu färben, tauche man den Tragant in eine Auflösung von Safran in Wasser, den Wohlgeruch geben ein paar Tropfen Zedernessenz.

Um Tragant grün zu färben, gieße man die Indigo- und Safranauf-lösung zusammen, knete die Masse damit durch und bringe ihr durch einige Tropfen Bergamottessenz Parfüm bei. Der fünfte Teil des Tra-gantquantums bleibt weiß, man taucht ihn jedoch in Orangenblüten-wasser, tropft etwas E s s e n c e   d e   N e r o l i hinzu, dass er an Wohl-geruch den übrigen nicht nachstehe.

Will man die Tragantmasse braun färben, so wirke man ein wenig geschmolzene Schokolade ein, und durchwürze den Teig mit gestoße-ner Vanille und S t o r a x   C a l a m u s.

Wenn die Tragantmasse auf eben vorgeschriebene Weise bereitet worden, so forme man daraus allerhand kleine Gegenstände, z.B. aus dem weißen Teige mache man kleine Eier, Kügelchen, Radieschen; aus dem gelben Teige: Äpfel, Birnen, Aprikosen, Erbsen, Gerstenkör-ner, Linsen, Mohrrüben; aus der blauen Masse bilde man Pflaumen usw. Nur etwa erbsengroß werden alle diese Sächelchen mit den Hän-den geformt, und der geschickte Künstler muss dabei die Ähnlichkeit in Form und Farbe wohl beobachten. Um Birnen und Äpfel ähnlicher zu machen, zerschneidet man Kirschstiele und steckt sie in die weiche Tragantmasse, dass der untere Knoten des Stiels den Knopf bilde. Um den benannten Früchten rote Wangen zu geben, halte man sie einen Augenblick über dampfendes Wasser und überstreiche sie mit einem in Zinnober getauchten Pinsel.

Aus brauner Masse kann man gebrannte Kaffeebohnen, Trüffeln, Champignons, Würstchen, kleine Hüte usw. bilden. Sollte die Masse etwa zu trocken werden, so feuchte man sie mit Wasser an. Man halte sich kleine Papierkästchen, um die verschiedenen Gegenstände hinein zu legen, und sie mehrere Tage trocknen zu lassen.

PASTILLENDRAGEES. Also nennt man kleine viereckige Täfelchen, etwa von der Größe der Bonbons. Man wendet dazu die oben beschrie-bene feine Tragantmasse an, welche man in birnbaumene Formen eindrückt; die überflüssige Masse wird dabei mit einem Messer abge-strichen und die Pastille mit nassen Fingern aus der Form gehoben. In Papierkästchen sortiert, lässt man sie zum Trocknen ein paar Tage liegen.

ORDINÄRE DRAGEES.

Der Teig zu den halb feinen oder ordinären Dragees wird ebenso bereitet, wie der zu den feinen, nur sind andere Verhältnisse der Ingredienzien zu beobachten. – Man nimmt auf ¼ Pfund Gummitragant statt 1 Pfund Zucker, die Hälfte Zucker und die Hälfte Kraftmehl, oder ⅓ Zucker und ⅔ Kraftmehl. Wann die Masse nach obiger Vorschrift bearbeitet, gefärbt und parfümiert ist, treibt man sie messerrückendick aus, und sticht mit einem eigens dazu bestimmten Instrument (m.s. Tafel II.10., c o u p e p â t e à d r a g é e s) die Dragees aus. – Mehrere Tage lässt man sie zum Trocknen an einem warmen Orte liegen.

Diese Dragees kann man auch nach Art der weißen Mandeln überziehen.

VON DEN KONSERVEN

Man nennt Konserven trockenes Konfekt, welches aus Zucker und Früchten oder Essenzen gemacht wird; den Namen hat es, weil Früchte, Blüten oder Essenzen in dieser Gestalt ihre eigentümlichen Eigenschaften konservieren.

KARAMELLKONSERVE. Man läutere eine beliebige Quantität Zucker und lasse ihn bis zum Karamell kochen. Unterdessen fertige man mehrere Formen oder Kästchen von starkem Papier an, gieße, wenn der Zucker den gedachten Grad erreicht hat, selbigen fingerhoch hinein. Noch ehe der Zucker in der Form erkaltet, ritze man mit einem Messer kleine Quadrate ab, und wenn er völlig erkaltet, breche man diese Täfelchen ab.

Diese Konserve kann man nach Belieben färben und wohlriechend machen, wenn nämlich der Zucker bis zum F l u g kocht, so mische man etwas der oft erwähnten Tinkturen, sowie auch einige Tropfen der Farbe analoge, wohlriechende Essenz bei, lasse dann den Zucker fortkochen und verfahre weiter, wie oben gelehrt.

ORANGENBLÜTENKONSERVE. Man schmelze 2 Pfund feinen Zucker in so viel Wasser, als nötig ist, schäume ihn ab und werfe ½ Pfund frische Pomeranzenblüten hinein. Man lasse den Zucker unter fleißigem Rühren nur bis zum k l e i n e n B r u c h kochen und gieße dann die Konserve in kleine Papierkästchen.

KIRSCHKONSERVE. Man tue 1 Pfund ausgesteinte Kirschen und 4 Lot sauber ausgekörnte rote Johannisbeeren in ein silbernes Becken und bringe es auf gelindes Kohlenfeuer. Wenn die Früchte bis etwa zum Gewicht eines Viertelpfundes eingekocht sind, so schütte man sie in 1 ½ Pfund Zucker, welchen man unterdessen hat, bis zum g r o ß e n B r u c h kochen lassen, rühre die Masse zusammen, bis sie anfängt sich zu heben, und gieße sie in Papierkästchen.

JOHANNISBEERKONSERVE. 2 Pfund rote abgekörnte Johannisbeeren setze man in einem silbernen Becken auf gelindes Feuer, lasse die wässrigen Teile abdampfen und drücke sie durch ein Sieb, um das Fleisch abzusondern. Nun setzt man sie auf und rührt sie so lange, bis sie soweit ausgetrocknet sind, dass der Boden des Gefäßes sichtbar wird. Sodann gieße man 3 Pfund zum B r u c h gekochten Zucker über die Frucht und rühre sie stets um. Wenn die Masse sich zu blähen anfängt, ist sie zum Gusse in Formen oder Kistchen fertig.

HIMBEERKONSERVE. Man presst 1 Pfund Himbeeren und ¼ Pfund rote Johannisbeeren durch ein Haarsieb und lässt sie bei gelindem Feuer zur Hälfte abdampfen. Zu gleicher Zeit koche man 1 ¼ Pfund Zucker bis zum F e d e r g r a d , lasse ihn ein wenig erkalten, und vermische dann unter Rühren die Frucht damit. Die Konserve ist zum Gusse fertig.

ZITRONENKONSERVE. Man reibe die Schale einer Zitrone auf 1 Pfund Zucker ab, schabe mit einem Messer das Abgeriebene ab und drücke die Hälfte des Zitronensafts hinein. Nun koche man den Zucker bis z u m F l u g , lasse ihn ein wenig erkalten, mische die Zitrone darunter und rühre mit dem Löffel, bis sich oberhalb Glanz zeigt, dann gieße man die Konserve in die bekannten Formen.

Ebenso verfährt man bei Bereitung der Konserven von Essenzen.

ZITRONENSAFTKONSERVE. Man drücke den Saft von 3 Zitronen in ein silbernes Becken, lasse ihn auf gelindem Feuer zur Hälfte abdampfen, tue 1 Pfund z u m B r u c h gekochten Zucker hinzu und verfahre weiter, wie gelehrt worden.

KONSERVE VON VIER FRÜCHTEN. Man nehme Johannisbeeren, Erdbeeren, Kirschen und Himbeeren, von jeglicher Frucht 4 Lot, presse sie und seihe den Saft durch ein feines Sieb. Man dampfe diesen Saft zur Hälfte ab, koche 1 ½ Pfund Zucker z u m B r u c h, schäume ihn gut, nehme ihn vom Feuer und mische den Fruchtsaft darunter. Man lasse die Masse noch einmal aufwallen, rühre sie, bis der Zucker sich bläht, und gieße dann die Konserve nach bekannter Weise in Formen.

APRIKOSENKONSERVE. Man nehme halbreife Aprikosen, schäle und schneide sie in kleine Scheiben und lasse diese auf gelindem Feuer austrocknen. Auf jedes Viertelpfund Frucht nehme man 1 Pfund Zucker, koche ihn stark z u r F e d e r, tue die Aprikosen hinein, rühre mit einem Löffel die Masse wohl durcheinander und richte sie in kleinen platten Brötchen von runder Form an.

PFIRSICHKONSERVE. Wird wie die Aprikosenkonserve gemacht.

SCHOKOLADENKONSERVE. Man zerlasse ¼ Pfund geriebene Schokolade in etwas geläutertem Zucker, koche 1 Pfund Zucker z u r k l e i n e n F e d e r und tue die Schokolade hinein; man rühre die Masse gut durcheinander und richte sie dann heiß in Formen an.

SÜSSE MANDELKONSERVE. Man enthäute ¼ Pfund süße Mandeln und zerreibe sie mit etwas Zitronensaft. Man koche 1 Pfund Zucker z u r F e d e r, nehme ihn vom Feuer, schäume ihn ab und schütte die Mandeln hinzu. Wenn die Konserve anfängt sich zu verdichten, gieße man sie in Kästchen oder Formen.

GRILLIERTE MANDELKONSERVE. Man nehme 1 Pfund süße Mandeln, enthäute und zerschneide sie in kleine Scheiben, tue sie auf Papier in einen heißen Ofen und lasse sie bräunlich backen, schütte sie in 6

Pfund zum Bruch gekochten Zucker und rühre sie fleißig durch. Wenn die Konserve anfängt sich zu verdichten, gieße man sie in Formen.

BERBISBEER³KONSERVE (ÉPINE VINETTE). Man werfe 1 Pfund recht reife Berbisbeeren und 1 Lot gestoßenen Fenchel in eine silberne Kasserolle, gieße ein Glas Wasser darauf und lasse die Masse 3 oder 4 Mal aufkochen, schütte sie dann in ein Sieb, presse den Saft durch und setze diesen wieder aufs Feuer, mische dann 1 ½ Pfund zum Bruch gekochten Zucker dazu, lasse alles ein paar Mal aufwallen und gieße die Konserve in Kästchen.

LIKÖRKONSERVEN. Man bemerke vor allen Dingen, dass bei Bereitung der Likörkonserven die Mischung nicht kochen darf, weil die geistigen Teile dadurch verfliegen würden. Nach der Vorschrift, welche wir hier im nachstehenden Artikel Marasquinkonserve geben, kann man alle übrigen Likörkonserven anfertigen.

MARASQUINKONSERVE⁴· Man nehme fein gestoßenen, durchgesiebten Zucker, vermische ihn in einem irdenen Gefäße mit Marasquingeist, dass er etwa die Konsistenz des Pastillenteiges erhalte. Diese Masse setze man in einer kleinen Pfanne auf Kohlen, lasse sie unter stetem Umrühren heiß werden, aber nicht kochen. Wenn die Masse recht flüssig ist, gieße man sie in blecherne Formen und lasse sie im Trockenstübchen auf Eisenplatten trocknen.

HARTE GEFORMTE KONSERVEN (CONSERVES DURES AU MOULE). Diese Art Konserven macht man ganz nach Art der Konserven in Tafeln, nur mit dem Unterschiede, dass man den aus Zucker und destillierten aromatischen Wassern gemischten Teig backen lässt. Nur einmal lasse man die Mischung aufwallen und gieße sie dann in blecherne Konservenformen; doch kann man diese auf mancherlei Weise gestalten und die Konserven demnächst nach Art der Pastillen färben. –

---

3   Anm. des Verlags: Ist heute bekannt als Berberitze Sauerdorn
4   Anm. des Verlags: Heute Maraschino-Likör.

GATEAUX ODER ZUCKERKUCHEN

ORANGENBLÜTENGATEAUX. Man koche 2 Pfund Zucker zur großen Feder, tue 1 Pfund Orangenblütenblätter hinzu und lasse den Zucker bis zum kleinen Bruch sieden. Man nehme ihn ab und tue sodann einen halben Löffel voll Glasur dazu (Man nennt in der Kunstsprache Glasur: mit pulverisiertem Zucker geschlagenes Eiweiß). Sobald die Glasur der Masse zugerührt wird, steigt der Zucker, fällt aber auch wieder, man fahre mit Rühren fort und er wird zum zweiten Male steigen, dann ist es Zeit, ihn in Formen oder Papierkästchen zu gießen. Diese Formen werden zuvor mit Mandelöl bestrichen und mit Zucker bestreut.

ORANGENBLÜTENGATEAUX IN CHAMPIGNONFORM. Werden nach der im vorigen Artikel gegebenen Vorschrift gemacht. Wenn der Zucker zum zweiten Mal gestiegen, fülle man ihn mit einer Kelle in die Champignonform, welche vorher mit Provenceröl bestrichen werden muss. Mit einem Messer löset man die Form ab. Die beliebige Farbe, gelb, rosa usw., gibt man ihnen, indem man die Glasur dem Farbstoff beimischt.

GATEAUX EN SUCRE SOUFFLÉ. Man gebraucht zu diesem Gateaux Blechformen, welche man voneinander nehmen kann. Diese Formen mannigfacher Art, als Basen, Büsten, passe man gut aneinander und bestreiche sie mit Mandelöl. – Man koche sodann 2 Pfund Zucker zum kleinen Bruch und schütte eine Handvoll frischer Orangenblütenblätter und 1 Lot Glasur hinzu.

Wenn der Zucker gestiegen und wieder gefallen ist, so gieße man ihn in die Formen. Um diese gehörig zu füllen und die Luft zu verdrängen, bedient man sich eines runden Holzes, welches in der Mitte durchbohrt ist und der Luft den Ausgang verstattet.

Die Masse kann gefärbt werden, indem man der Glasur einen Zusatz von Karmin oder Safran beimischt.

AROMATISCHE MAGENMORSELLEN. Um diese zu bereiten, macht man zuvörderst folgende Komposition:

Nimm 2 Lot Gewürznägelein, 5 Lot Zimmetblüten, 1 Lot Galgantwurzel, 1 Lot Muskatenblüte und 4 Lot weißen Ingwer, und zerdrücke solche sorgfältig in einem Mörser; hierauf schütte die Masse auf ein Schneidebrett, schneide sie mit dem Wiegemesser zu einem gleichförmigen Gemische, siebe solches sorgfältig durch und bewahre es bis zum Gebrauche auf.

Sollen nun Morsellen angefertigt werden, so nehme man 2 Pfund 8 Lot feinen Zucker und koche solchen unter Abschäumen mit 20 Lot Rosenwasser bis zur Feder, hierauf schütte man 11 Lot enthäutete süße Mandeln, 1 Lot Pistazien, überzuckerte Pomeranzen- und Zitronenschalen, von jedem 2 Lot, Kornblumen, Ringelblumen und rote Rosenblätter, aber von jedem 1 ⅓ Quentchen – alle diese Ingredienzien vorher sorgfältig zerschnitten – desgleichen 1 ½ Lot von obiger Komposition, nachdem alles sorgfältig durcheinander gemengt ist, hinzu und rühre die Masse wohl um. Demnächst wird solche in Formen ausgegossen, diese aber etwas stark geschüttelt, damit sich eine gleichförmige Oberfläche bilde. Wenn die Masse noch etwas weich ist, wird solche in Tafeln von beliebiger Größe zerschnitten.

INGWERMORSELLEN. Man nehme feinen Zucker 2 Pfund, Pomeranzenblütenwasser 16 Lot, Kardamomen ⅔ Quentchen, weißen Ingwer 4 Lot, Zimmet 1 Lot, Gewürznelken ¼ Lot, alles wohl pulverisiert, überzuckerte Pomeranzen, desgleichen Zitronenschalen, beides zerschnitten, von jedem 4 Lot, enthäutete und zerschnittene süße Mandeln 5 Lot, und verfahre wie oben.

FRÜCHTE IN BRANNTWEIN EINZUMACHEN

Es gibt wenig Früchte, welche sich nicht in Branntwein hielten; da es jedoch nicht leicht ist, alle mit gleichem Erfolge zu diesem Zwecke zu benutzen, so wollen wir nur von denen sprechen, welche nach vielen Erfahrungen sich besonders dazu eignen, diese sind: Pfirsichen, Aprikosen, Mirabellen, Reine-claudes und Rousselet-Birnen. Künstler und Liebhaber mögen nach folgenden Vorschriften Versuche mit anderen Früchten anstellen.

PFIRSICHE IN BRANNTWEIN. Man suche 30 Stück schöne gute Pfirsiche aus. – Sie müssen nicht vollkommen, doch beinah reif sein. – Den bekannten Flaum dieser Frucht bürste man mit einer weichen Bürste ab, reibe sie mit einem trockenen Tuche und schneide sie der Länge nach bis auf den Stein ein. – Wenn das geschehen ist, schmelze man 3 Pfund Zucker in Wasser und läutere ihn nach bekannter Weise aus. In diesen kochenden, abgeläuterten Zucker werfe man die Früchte und rühre sie darin um, dass die Hitze überall gleich wirke. Sobald die Frucht anfängt weich zu werden, nehme man das Gefäß ab und lege die Früchte auf Siebe, um den Zucker ablaufen zu lassen. Unterdessen setze man den Kessel wieder aufs Feuer. Erscheint der Zucker trübe, so läutere man ihn nochmals mit Eiweiß, bringe die Pfirsiche in ein glasiertes, irdenes Gefäß und gieße den kochenden Zucker darüber. So lasse man sie 24 Stunden liegen, dann aber nehme man sie heraus, bringe den Zucker wieder aufs Feuer, lasse ihn 8 bis 10 Mal aufwallen und gieße ihn abermals auf die Früchte. Nach 24 Stunden bringt man beides zusammen aufs Feuer, lässt es 4 bis 6 Mal verdeckt aufkochen und dann etwas erkalten. Nun lege man die Pfirsiche sauber einen nach dem anderen in ein gläsernes Gefäß. – Ist dies groß genug, um 4 Quart zu fassen, so gieße man 2 Quart guten Franzbranntwein und 2 Quart gekochten Zucker hinein. Während der ersten Minuten werden die Pfirsiche oben schwimmen, nach Maßgabe aber, dass sie die Flüssigkeit einsaugen, werden sie fallen.

APRIKOSEN IN BRANNTWEIN. Man nehme eine beliebige Anzahl Aprikosen, reibe mit einem Tuche den Flaum ab und werfe sie in kochendes Wasser. Sie werden anfangs zu Boden sinken, bald aber wieder oben schwimmen, dann nehme man sie heraus und tue sie in kaltes Wasser (man nennt dies Verfahren b l a n c h i e r e n); dann bringe man sie in den geläuterten Zucker und verfahre weiter wie bei den Pfirsichen.

ROUSSELETBIRNEN IN BRANNTWEIN. Es gibt 2 Arten dieser Birnen, eine große und eine kleine; die kleine aromatische ist die zum Einmachen sich eignende (R o u s s e l e t   d e   R h e i m s). Man wähle eine beliebige Anzahl dieser Früchte, durchsteche sie überall mit einer Nadel und werfe sie in kochend Wasser. Wenn sie weich werden, tue man sie in kaltes Wasser. – Wenn sie hier erkaltet sind, schäle man sie ab und werfe sie wiederum in kaltes Wasser, welchem man den Saft von 2 Zitronen beigemischt hat. Dies ist das Mittel, sie weiß zu erhalten. Man schmelze, koche und läutere nun Zucker, werfe die Frucht hinein, lasse den Zucker 7 bis 8 Mal aufwallen, gieße dann alles in ein irdenes Gefäß und lasse es 24 Stunden stehen. Nach dieser Zeit gieße man den Zucker ab, bringe ihn wieder aufs Feuer, lasse ihn 10 bis 12 Mal aufsieden und gieße ihn dann über die Früchte. – Folgenden Tages wiederhole man dies Verfahren. Wenn der Zucker etwa 3 Mal aufgewallt, tut man die Früchte in den Kessel, lässt den Zucker vielleicht noch 6 bis 8 Mal aufsieden, nimmt den sich etwa bildenden Schaum ab und lässt dann alles etwas erkalten. Die Früchte werden in gläserne Gefäße getan und schließlich Branntwein und gekochter Zucker zu gleichen Teilen darüber gegossen.

Wir haben hier nicht das Quantum des Zuckers angegeben, weil sich dieses nach der Anzahl der Früchte richtet. Als allgemeine Regel stellen wir auf, dass die Früchte bequem in den anfangs zum ersten Grade zu kochenden Zucker schwimmen. Bei dem letzten Male kocht man den Zucker bis zur Perle.

MIRABELLEN, DESGLEICHEN REINE-CLAUDES IN BRANNTWEIN. Man suche recht reife Mirabellen aus, durchsteche sie mit einer Nadel und tue sie in kochendes Wasser. – Wenn sie oben schwimmen, nehme man sie vom Feuer, werfe sie sofort in kaltes Wasser und lasse sie dann auf einem Siebe gut abtropfen. Unterdessen läutere man eine gehörige Quantität Zucker aus, schütte die Frucht hinein und lasse sie einige Mal aufkochen. Man schäume ab, und gieße Zucker und Frucht in ein irdenes Gefäß. – Folgenden Tages bringe man beides wieder aufs Feuer, lasse es etwa 10 Mal aufwalle, nehme den Kessel ab, schäume den Zucker, wenn es nötig, und lasse ihn abkühlen. – Sodann tue man die Pflaumen in ein Glas und gieße Branntwein und gekochten Zucker zu gleichen Teilen darüber. Wenn die Früchte nach einiger Zeit zu Boden sinken, sind sie genießbar. – Ebenso verfährt man beim Einmachen der Reine-claudes.

KIRSCHEN IN BRANNTWEIN. Man nehme auserlesen schöne, reife Kirschen, schneide die Stiele zur Hälfte ab, lasse sie ½ Stunde in kaltem Wasser liegen und dann abtropfen. – Nun verfahre man weiter wie bei den Mirabellen. Wenn das Glas mit Früchten angefüllt ist, so wickele man etwa 12 Gewürznäglein und 1 Lot ganzen Zimmet in ein leinenes Läppchen und tue es in dasselbe; nach einigen Minuten, wann die Frucht den gewürzigen Geschmack angenommen hat, nehme man das Gewürz wieder heraus.

HIMBEEREN, AALBEEREN IN BRANNTWEIN. Eben wie die Kirschen, kann man auch Himbeeren, Aalbeeren usw. in Branntwein einmachen. Traubenrosinen legt man ohne Zucker in Branntwein.

ORANGEN IN BRANNTWEIN. Man nehme recht runde, glatte Orangen, mit einem spitzen Messer schneide man von der Schale der Frucht ein Strohhalm breites und fast ebenso dickes Streifchen in der Rundung von oben bis unten ab, sodass allemal dazwischen ein ebenso breites Streifchen Schale bleibt, durchsteche sie und werfe sie in kaltes Wasser, hierauf blanchiere man sie in kochendem Wasser, werfe sie aber, wenn sie anfangen weich zu werden, wiederum in kaltes Wasser. Von hier bringe man sie in geläuterten Zucker, lasse diesen mit der Frucht sieben bis 8 Mal aufwallen, dann aber bis zum anderen Tage stehen. Dann koche man den Zucker aufs Neue, schäume ihn ab, tue die Frucht in Gläser und übergieße sie mit Branntwein und Zucker zu gleichen Teilen.

NÜSSE IN BRANNTWEIN. Man wähle schöne, frisch gepflückte Nüsse, die sich leicht durchstechen lassen und noch keine harte Schale haben, schäle das Grüne bis aufs Weiße herunter und tue sie in kaltes Wasser. Man lasse Wasser mit ein wenig gestoßenem Alaun kochen, drücke etwas Zitronensaft dazu, lege die Nüsse zum Blanchieren hinein und bringe sie dann in frisches Wasser. Man koche die erforderliche Quantität Zucker zum k l e i n e n B r e i t l a u f e n und gieße ihn über die Nüsse, welche zuvor aus dem Wasser in ein anderes Gefäß gebracht worden. Die beiden folgenden Tage lasse man den Zucker ab und wiederhole das Verfahren; den vierten Tag koche man den Zucker zur g r o ß e n P e r l e und übergieße damit die Nüsse, welche man am fünften Tage in Glasgefäße tut. – Zu einem Teile gekochten Zucker fügt man 2 Teile Branntwein, filtriert die Flüssigkeit durch und übergießt damit die Nüsse. –

Von den Marmeladen oder in Zucker eingemachten Früchten

Man nennt Marmelade halb flüssig eingemachte Früchte, deren Fleisch einige Festigkeit hat, als: Aprikosen, Pflaumen, Pfirsiche usw. Man gebraucht hierbei fast überall ½ Pfund Zucker auf ein Pfund Frucht. –

KIRSCHMARMELADE. Man nehme beste, recht reife Kirschen, steine sie aus und zupfe die Stiele ab; man wiege sie und nehme auf jedes Pfund Kirschen ½ Pfund Zucker. – Man läutere den letzteren und koche ihn bis zur g r o ß e n P e r l e, tue die Früchte hinein und lasse sie unter stetem Umrühren etwa eine Stunde kochen. – Nun stelle man folgende Probe an: Man tue einen Teelöffel voll des gekochten Zuckers auf einen Teller und lasse ihn auf demselben erkalten; wenn er dick und steif in Geleekonsistenz erscheint, so ist er wie er sein soll. Man nehme dann den Kessel vom Feuer und gieße die Frucht heiß in zuvor gewärmte Gläser oder in porzellanene Gefäße. Man lasse ja nicht die Früchte im Kessel erkalten, sie könnten nicht allein vom Kupfer abschmeckend, sondern auch der Gesundheit gefährlich werden. Man lasse sie in offenen Gefäßen erkalten und verschließe dieselben dann mit starkem Papier, nassem Pergament, oder einer Blase.

HIMBEERMARMELADE. Man pflücke alles Grüne von den Himbeeren, nehme auf jedes Pfund Frucht ½ Pfund Zucker und verfahre wie bei dem Artikel K i r s c h m a r m e l a d e gelehrt.

JOHANNISBEERMARMELADE. Siehe den vorigen Artikel.

APRIKOSENMARMELADE. Man wähle schöne, nicht zu reife Aprikosen, schäle sie ab, nehme die Kerne heraus und tue sie in ein Porzellangefäß, läutere ein gehöriges Quantum Zucker, koche ihn zum B r e i t l a u f e n und gieße ihn, nachdem er ein wenig erkaltet, über die Früchte, und lasse alles 24 Stunden stehen. Man tut wohl einen passenden Papierdeckel unmittelbar auf den Zucker zu legen, damit die Früchte unter dem Zucker gehalten werden. Nach 24 Stunden lasse man den Zucker ab, koche ihn wieder auf und gieße ihn abermals über die Aprikosen. 6 Tage hintereinander wird dies Verfahren wiederholt; bei jedesmaligem Kochen wirft man ein Stück Zucker zu. – Beim letzten Male muss der Zucker den G r a d z u r g r o ß e n P e r l e erreichen; man lege dann auch die Aprikosen in den Kessel und lasse sie ein paar Minuten mit aufkoche, rühre sie aber nicht mit dem Schaumlöffel, weil sie bei ihrer großen Zartheit leicht zergehen. – Nach viermaligem Aufwallen tue man die Früchte in gläserne oder Fayencegefäße.

M IRABELLEN -, DESGLEICHEN P FIRSICHMARMELADE . Um diese zu bereiten, verfahre man ganz, wie im vorstehenden Artikel angegeben.

Q UITTENMARMELADE . Man nehme recht reife Quitten, schäle sie und schneide sie in länglichrunde Stücke; man tue diese in kochendes Wasser, und wenn sie anfangen weich zu werden, in kaltes Wasser. Wenn sie auf diese Weise blanchiert sind, lasse man sie abtropfen, und verfahre weiter, wie im Art. A p r i k o s e n m a r m e l a d e gelehrt worden.

M ARMELADE VON Z ITRONEN - ODER P OMERANZENSCHALE . Nachdem man Saft und Fleisch aus den Früchten herausgenommen, wirft man die Schalen in kochendes Wasser; wenn sie anfangen weich zu werden, tue man sie in kaltes Wasser, lasse sie dann auf Sieben abtropfen und verfahre weiter nach der im Art. A p r i k o s e n m a r m e l a d e gegebenen Vorschrift.

O RANGENBLÜTENMARMELADE . Man nehme schöne Orangenblüten, lese die Blätter rein ab und blanchiere sie, bis sie weich werden. – In das dazu erforderliche Wasser drücke man Zitronensaft. – Nachdem sie durch frisches Wasser wiederholentlich abgekühlt, lasse man sie abtropfen und trockne sie zwischen Tüchern. – Dann tue man die Blüten in einen recht reinen, steinernen Mörser und zerreibe sie mit Zitronensaft. – Nachdem der erforderliche Zucker (auf 1 Pfund Blüte 3 Pfund Zucker) z u m F l u g e gekocht worden, tue man die Blüten in ein Gefäß und rühre sie nach und nach mit der Zuckermasse an, ohne sie ans Feuer zu bringen. – Wenn dies geschehen, fülle man sie in Kruken oder Büchsen.

MARMELADE VON UNREIFEN WEINTRAUBEN. Man nehme schöne, grüne Trauben, pflücke die Beeren ab und werfe sie in kochendes Wasser, um sie zu blanchieren. – Wenn die Beeren aufsteigen, nehme man das Gefäß vom Feuer, setze es auf warme Asche und lasse es ein paar Stunden stehen, dass die Beeren wieder grün werden. Man lasse sie in demselben Wasser erkalten, gieße sie aber zuvor aus dem kupfernen in ein irdenes Gefäß und zerdrücke sie auf einem Siebe. Nachdem man die wässrigen Teile des Safts auf Feuer hat abdunsten lassen, wiege man diesen und nehme auf jedes Pfund Saft 1 Pfund Zucker. Man koche letzteren z u m B r u c h und mische den Fruchtsaft bei, lasse beides zusammen noch einmal aufkochen und fülle die Marmelade in Kruken.

BERBISBEERMARMELADE. Man koche 5 Pfund Berbisbeeren mit ½ Quart Wasser, lasse sie auf einem Siebe abtropfen, dunste das Wässrige der Frucht auf starkem Feuer unter stetem Umrühren ab und tue sie dann zu 5 Pfund geläuterten, z u m F l u g gekochten Zucker. Nachdem sie gut durchgerührt, lasse man die Marmelade einen Augenblick aufkochen und fülle sie in Kruken.

GRÜNE IN ZUCKER EINGEMACHTE NÜSSE. Wenn die welschen Nüsse zwar ausgewachsen, aber noch nicht völlig reif sind und die holzige Schale sich mit einer Nadel leicht durchstechen lässt, alsdann eignen sie sich zum Einmachen.

Man durchsieche die Früchte in allen Richtungen mit einer Nadel, werfe sie in frisches Wasser und lasse sie 2 Stunden stehen; dann nehme man sie heraus, werfe sie wieder in frisches Wasser und lasse sie in demselben 4 Tage stehen, jeden Tag aber gebe man ihnen frisches Wasser. Durch dies Verfahren verlieren die Nüsse ihre Bitterkeit. – Wenn nach dieser Zeit die Früchte blanchiert und aus dem kochenden Wasser in das kalte gebracht worden, so lasse man sie in diesem abermals 4 bis 5 Tage liegen, gebe ihnen aber auch hier jeden Tag frisches. – Dann tue man sie in ein großes, irdenes, glasiertes Gefäß. – Zum Einmachen der Nüsse nimmt man ordinären Zucker, Zuckerabfall und aufgesammelten Schaumzucker. – Man koche diesen mit Wasser, filtriere oder seihe ihn durch eine nicht dichte Leinwand, um ihn von den heterogenen

Teilen zu säubern, und lasse ihn in dem zuvor ausgewaschenen Kessel zum B r e i t l a u f e n aufkochen; wenn er etwas erkaltet ist, gieße man ihn über die Frucht. – Man muss sich wohl hüten, den Zucker heiß über die Frucht zu gießen, weil die obere Haut der Nüsse sich ablösen würde. – Nach 24 Stunden lasse man den Zucker ab und bringe ihn wieder aufs- Feuer. – Man koche ihn etwas stärker, als das erste Mal, lasse ihn abkühlen und gieße ihn wieder auf die Früchte. Dies Verfahren wird 8 bis 9 Tage hintereinander wiederholt. Bei jedesmaligem Kochen lässt man den Zucker ein wenig stärker aufkochen, beim letzten Male muss er den Grad zur g r o ß e n P e r l e erreichen. – Man versäume auch nicht bei jedesmaligem Auskochen etwas Zucker zuzufügen; die Früchte müssen bequem in Zucker schwimmen. – Am achten Tage weiche man einige Gewürznäglein und einige Zimmetstangen in Wasser auf, schneide am neunten die ersteren der Länge nach in 4 Stücke, den letzteren ebenfalls in lange, schmale Stücke, und bestecke damit die Nüsse. Einer jeden Frucht gebe man 4 Stückchen Nelken und 4 Stückchen Zimmet. – Den Zucker koche man wieder zum B r e i t l a u f e n und gieße ihn abgekühlt über die Früchte. – Am folgenden Tage bringe man den Zucker zum letzten Mal aufs Feuer, wenn er aber zu kochen anfängt, tue man die Frucht dazu und lasse sie etwa 10 bis 12 Mal mit aufwallen, dann nehme man den Kessel ab und fülle die Nüsse in zuvor gewärmte Gefäße. – An Zucker wird so viel darüber gegossen, als erforderlich ist, die Früchte zu bedecken. Wenn alles erkaltet, schließe man die Gefäße mit Korkstöpseln und binde feuchtes Pergament darüber.

Diese Nüsse können gleich gegessen werden, halten sich aber auch sehr lange und werden besser, wenn sie alt werden. Jedoch bemerke man, dass sie mit der Zeit Zucker an sich ziehen, und dass sie alsdann wieder damit übergossen werden müssen.

Vom Einmachen der Früchte

Allgemeine Bemerkungen über das Einmachen der Früchte

Man wähle dazu nur gute Früchte und nehme nur solche, die den zum Zwecke erforderlichen Grad der Reife erlangt haben. Man blanchiere die Früchte sorgfältig, damit sie der Zucker gehörig durchdringen könne. Der Zucker, welcher zum Einmachen angewendet werden soll, darf nicht zu stark gekocht werden, er verliert dadurch die Fähigkeit, sich innig mit der Frucht zu verbinden und würde diese nicht gegen eine, der Dauer nachteilige Gärung schützen.

Hat die Frucht, weil man nicht vorsichtig genug verfuhr, einen verdorbenen Geschmack angenommen, so helfe man dadurch ab, dass man sie wieder in Zucker aufkocht. – Hierbei muss man dem Zucker den Grad geben, welchen er gleich anfangs nach Vorschrift haben sollte. Natürlich werden diese Früchte minder schön sein, als sie geworden wären, wenn man sie gleich anfangs richtig behandelt hätte. – Wir werden nicht immer in nachstehenden Vorschriften die erforderliche Dosis Zucker genau angeben. Man bemerke ein für alle Mal, dass die Früchte im flüssigen Zucker schwimmen müssen.

Die meisten eingemachten Früchte können auf zwei Arten t r o - c k e n hergestellt werden, nämlich auf f e i n e und auf o r d i n ä r e A r t . Über letztere bemerke man folgendes.

Ordinäre trocken eingemachte Früchte. Man nehme eingemachte Früchte aus ihrem Zuckersaft, lasse sie auf Sieben abtropfen, lege sie dann auf weißes Papier oder auf Schieferplatten an einen trockenen Ort. – Man kehre sie hier täglich um, bis sie vollkommen ausgetrocknet sind, dann tue man sie in runde oder viereckige Schachteln.

Eingemachte, unreife Aprikosen. Man nehme unreife Aprikosen, deren Steine sich leicht mit einer Nadel durchstechen lassen, werfe sie in eine warme, reinliche, durchgeseihte Aschenlauge, um den Früchten den Flaum zu nehmen, und wasche sie ab. Demnächst setze man die Aprikosen zum Blanchieren auf. – Wenn sie dem Drucke des Fingers weichen, so bringe man das Gefäß auf ganz schwaches Feuer, dass die Aprikosen wieder grün werden. Nachdem dieser Zweck erreicht, kühle man sie zu verschiedenen Malen in frischem Wasser, lasse sie abtropfen und tue sie dann in geläuterten Zucker, lasse sie mit demselben schwach aufkochen, schäume sie ab und lasse alles in einem irdenen Gefäße stehen. – Folgenden Tages lasse man den Zucker ab und koche ihn wieder auf; wenn er etwas abgekühlt ist, gießt man ihn abermals über die Aprikosen. – Dies Verfahren wird 4 bis 5 Tage hintereinander wiederholt. Wenn die Früchte auf diese Weise genug Zucker in sich aufgenommen haben, so koche man schließlich den Zucker zur g r o ß e n P e r l e , lasse die Aprikosen einige Mal mit demselben aufwallen, schäume ab und tue die abgekühlte Frucht in Kruken oder Gläser.

Eingemachte, zerschnittene Aprikosen. Man nehme fast reife Aprikosen, schäle sie, schneide sie in 4 Teile, setze sie mit Wasser aufs Feuer und koche sie, bis sie aufsteigen, dann nehme man sie heraus und werfe sie in frisches Wasser. Wenn sie recht ausgekühlt und abgetropft sind, tue man sie in geläuterten zum B r e i t l a u f e n gekochten Zucker, lasse sie mit demselben ein wenig aufkochen und dann in einem irdenen Gefäße stehen. – Am folgenden Tage lasse man den Zucker ab, koche ihn wieder auf, tue die Aprikosen hinein und lasse sie gelinde darin aufwallen. – Dies Verfahren wiederhole man die drei folgenden Tage. Am vierten koche man den Zucker bis zur g r o ß e n P e r l e , tue die Früchte hinein und lasse sie 4 bis 5 Mal aufwallen; man muss sie ein wenig umrühren, damit sie nicht an das Gefäß kleben. –

Trocken eingemachte Aprikosen. Erhält man, wenn man die nach vorstehender Vorschrift (s.d. vor. Art.) eingemachten Aprikosen, nachdem man sie hat abtropfen lassen, auf zuckerbestreute Schieferplatten legt, damit sie trocknen. Diese Platten müssen dünn mit Zucker bestreuet werden. Den folgenden Tag kann man die Früchte in Schachteln packen.

APRIKOSENKOMPOTTE. Man tue eingemachte Aprikosen in eine Compottiere, gieße geläuteten und gekochten Zucker heiß darüber, füge auch ein wenig Wasser und den Saft einer Apfelsine hinzu.

TROCKEN EINGEMACHTE, GANZE APRIKOSEN. Man nehme schöne, etwas feste Aprikosen, stoße die Kerne heraus und blanchiere sie. Wenn sie dem Fingerdrucke nachgeben, tue man sie in frisches Wasser und lasse sie abtropfen. Man läutere und koche die erforderliche Quantität Zucker; wenn derselbe zum k l e i n e n B r e i t l a u f e n ist, tue man die Aprikosen hinein, lasse sie ein paar Mal gelinde mit aufwallen, nehme das Gefäß ab und lasse alles stehen. Den folgenden Tag lasse man den Zucker ab, koche ihn etwas stärker und gieße ihn siedend über die Früchte. Am dritten Tage koche man den abgelassenen Zucker noch etwas stärker bis zur k l e i n e n P e r l e , tue die Aprikosen hinein und koche sie mit auf. Am vierten Tage lege man sie auf mit Zucker bestreute Schieferplatten und bringe sie in das Trockenstübchen. Nachdem sie also behandelt, packe man sie schichtweise in Schachteln. Zwischen jede Fruchtschicht wird Papier gelegt.

EINGEMACHTE KIRSCHEN MIT UND OHNE STEINE. Man nehme 6 Pfund schöne Kirschen, steine sie aus, schneide die Stiele kurz ab und tue die Früchte in 6 Pfund geläuterten zur g r o ß e n F e d e r gekochten Zucker, lasse sie ein paar Mal mit aufwallen, schäume sie ab, nehme sie vom Feuer und lasse sie abtropfen. Den anderen Tag koche man den Zucker bis zur g r o ß e n P e r l e , mische etwas Johannisbeersaft dazu, lasse die Kirschen 8 bis 10 Mal im verdeckten Gefäße damit aufkochen, schäume ab, nehme sie vom Feuer und lege sie in Kruken. Wenn die Frucht gehörig abgekühlt, bedenke man sie fingerhoch mit eingemachten Himbeeren oder Johannisbeeren (g r o s e i l l é e s o u f r a m b o i s é e s)

TROCKEN EINGEMACHTE KIRSCHBOUQUETS. (C e r i s e s e n b o u u - n e t s a u s e c .) Man binde 7 oder 8 schöne, gleich große Kirschen an den Stielen zusammen, tue diese Sträußchen in geläuterten, z u m F l u g gekochten Zucker, lasse sie 15 Mal damit aufwallen, schäume sie gehörig ab und lasse alles in einem irdenen Gefäße bis zum folgenden

Tage im Trockenstübchen stehen. Dann lasse man die Früchte abtropfen und trocknen. Auf 1 Pfund Kirschen ist 1 Pfund Zucker erforderlich.

EINGEMACHTE HIMBEEREN. Man nehme schöne, nicht zu reife Himbeeren, reinige sie und lasse sie 10 bis 12 Mal in geläutertem bis z u m F l u g gekochten Zucker auswallen, schäume sie ab und schütte sie in ein irdenes Gefäß. Nach 24 Stunden lasse man die Frucht abtropfen und fülle sie dann in Kroken. Da die Himbeere trockener Natur ist, so mische man auf 5 bin 6 Pfund Himbeeren etwa 2 Glas durchgeseihten Kirschsaft dem Zucker bei, koche diesen wieder auf und gieße ihn über die Früchte. Man lege dann eine dünne Schicht Johannisbeergelee darauf, überdecke das Ganze mit einem in Branntwein getauchten Papier, und wenn alles gehörig abgekühlt, verschließe man die Gefäße mit Papier. Auf 1 Pfund Himbeeren gebraucht man 1 Pfund Zucker.

JOHANNISBEEREN IN BOUQUETS. Man nehme schöne rote oder weiße Johannisbeertrauben mit recht großen Beeren, und schaffe mittelst eines zugespitzten Federkiels die Kerne heraus. – Wenn der geläuterte Zucker bis z u r P e r l e kocht, nehme man ihn vom Feuer, tue die Früchte hinein und rühre sie behutsam mit dem Schaumlöffel um, dass die Beeren nicht zerplatzen, lasse sie dann verdeckt einmal aufwallen, schäume sie ab und tue die Johannisbeeren in Glaser, welche man am folgenden Tage verschließt. Auf jedes Pfund Früchte braucht man 1 Pfund Zucker.

EINGEMACHTE R E I N E - C L A U D E S . Man nehme grüne, feste Reine-claudes, von welchen der Stein sich leicht ablöst, und schneide die Knoten der Stiele ab, durchsteche sie mit Nadeln, besonders unterhalb um den Stiel, und blanchiere sie; wenn das Wasser anfängt zu kochen, nehme man sie ab. – Nach 24 Stunden setze man sie in demselben Wasser auf ein gelindes Feuer und tue einige unreife Weintrauben hinzu, damit die Früchte wieder grün werden. – 3 Stunden lässt man das Wasser auf dem Feuer, es darf aber nicht kochen, und rührt die Pflaumen von Zeit zu Zeit um. Wenn dieser Zweck erreicht ist und die Früchte wieder grün geworden sind, macht man etwas stärkeres Feuer, und wenn die Pflaumen nun aufsteigen, tut man sie in kaltes

Wasser, welches mehrmals erneuert wird. – Wenn sie recht erkaltet sind, lasse man sie abtropfen.

Man koche Zucker zum k l e i n e n   B r e i t l a u f e n , lasse die Pflaumen damit aufwallen und tue dann beides in ein irdenes Gefäß. – Die zwei folgenden Tage kocht man den Zucker allein jedesmal etwas stärker; den dritten und vierten Tag kocht man die Früchte verdeckt damit auf. – Wenn der Zucker den Grad z u r   P e r l e erreicht hat, ist es Zeit, die Pflaumen in Kruken zu füllen. – Nach zwei Tagen schließe man die Gefäße.

TROCKEN EINGEMACHTE R E I N E - C L A U D E S . (Pflaumen) Nachdem die Früchte nach vorstehender Weise behandelt worden, lasse man sie abtropfen und lege sie auf Schieferplatten ins Trockenstübchen zum Trocknen hin.

EINGEMACHTE MIRABELLEN. Man nehme große, nicht zu reife Mirabellen, stoße die Steine aus, oder durchsteche sie mit einer Nadel und werfe sie in frisches Wasser. – Nachdem Wasser mit etwas gestoßenem Alaun zum Kochen gebracht, tue man die Früchte hinein, und wenn sie aufsteigen, schütte man sie in kaltes Wasser, lasse sie abtropfen, bringe sie dann in ein irdenes Gefäß, gieße warmen, geläuterten Zucker darüber, bedecke sie mit Papier und lasse sie stehen. Den folgenden Tag lasse man den Zucker ab, koche ihn etwas starker, lasse ihn etwas erkalten, gieße ihn wieder über die Pflaumen und bedecke das Gefäß. – Den dritten Tag kocht man den Zucker mit den Früchten gelinde eine halbe Viertelstunde auf. Den vierten Tag koche man den Zucker bis zur g r o ß e n   P e r l e , tue alsdann die Früchte hinein und lasse sie einige Mal darin aufwallen, schäumt sie ab und fülle dann die Mirabellen in Kruken.

EINGEMACHTE PFIRSICHE. Man wähle schöne, nicht ganz reife Pfirsiche aus, durchsteche sie mit einer Nadel und blanchiere sie; wenn sie anfangen, dem Drucke des Fingers zu weichen, bringe man sie aus dem heißen in kaltes Wasser. Man koche geläuterten Zucker zum k l e i n e n   B r e i t l a u f e n und gieße ihn über die vorher abgetropften Früchte. Am folgenden Tage lasse man den Zucker ab, koche ihn etwas stärker und gieße ihn abermals über die Pfirsiche. Ebenso verfahre man am

dritten Tage, den vierten aber koche man den Zucker bis zur k l e i n e n
P e r l e, tue die Früchte hinzu und lasse sie verdeckt mit aufwallen.
Am fünften Tage wiederholt man dies Verfahren, lässt den Zucker aber
etwas stärker bis zur g r o ß e n   P e r l e aufsieden; nach vier- bis fünf-
maligem Aufwallen, lässt man die Früchte ein paar Tage im Trockenstübchen stehen, und tut sie dann in Kruken.

Eingemachte Feigen. Man nehme halb reife Feigen, durchsteche sie
unterhalb am Stiele mit einer Nadel, blanchiere sie, bis sie etwas weich
werden, lasse sie ein wenig erkalten und schütte sie dann in frisches
Wasser. Man tue die zuvor abgetropften Früchte in geläuterten bis z u r
P e r l e gekochten Zucker, lasse sie mit demselben 4 bis 5 Mal aufwallen, nehme sie vom Feuer, schäume sie ab, und lasse alles in einem
irdenen Gefäße stehen. Am folgenden Tage kocht man den abgelassenen Zucker wieder auf und gieße ihn lauwarm über die Frucht.
Am dritten Tage verfahre man ebenso, wenn aber der Zucker bis zur
g r o ß e n   P e r l e kocht, tue man die Feigen hinein, lasse sie verdeckt
damit aufwallen, schäumt sie ab und tue die Früchte in Kruken.

Eingemachte Angelika. Von frischen A n g e l i k a s t ä n g e l n
pflückt man die Blätter ab, zerschneide erstere in Stücke, tut diese in
frisches Wasser und blanchiere sie dann so weich, dass sie sich mit dem
Finger zerdrücken lassen, dann nehme man sie vom Feuer, schneide
sie der Länge nach ein, ziehe die Haut ab und werfe sie in frisches
Wasser. Nachdem man die Angelika hat abtropfen lassen, lege man sie
in dünnen, geläuterten Zucker und lasse sie 24 Stunden stehen. Nach
dieser Zeit koche man den Zucker wieder auf, und gieße ihn lauwarm
über die Angelika. Dies Verfahren wiederhole man vier bis fünf Tage
hintereinander, dann aber koche man den abgelassenen Zucker bis zur
g r o ß e n   P e r l e, tue die Angelika hinein, lasse sie einige Mal damit
aufwallen und verwahre sie in Kruken.

Trocken eingemachte Angelika. Man lasse die auf vorbeschriebene Weise eingemachten Angelikastängel wohl abtropfen, lege sie auf
Schiefer- oder Blechplatten zum Trocknen hin und wende sie so lange
ums, bis dieser Zweck erreicht ist, dann packe man sie in Schachteln.

GLASIERTE MARONEN. Man nehme die schönsten Maronen, schäle die obere Haut ab und blanchiere sie in kochendem Wasser, worin ein paar Löffel voll Mehl aufgelöst worden; wenn sie so weich sind, dass man mit Leichtigkeit eine Nadel durchstoßen kann, nehme man sie vom Feuer, reinigt sie einzeln von der zweiten Haut, werfe sie in lauwarmes Wasser, lasse sie abtropfen, tue sie in frisches Wasser, lasse sie abermals abtropfen und bringe sie dann in dünnen, geläuterten Zucker, mit welchem man sie einen Augenblick aufwallen lässt. Wenn dies geschehen, setze man sie in das Trockenstübchen, drücke etwas Zitronensaft auf die Maronen und lasse sie bis zum folgenden Tage stehen. Nun koche man den abgelassenen Zucker wieder auf und gieße ihn lauwarm über die Früchte. Nachdem diese wieder 24 Stunden im Trockenstübchen gestanden, lasse man den Zucker ab, und lege die abgetropften Maronen auf zuckerbestreute Schiefertafeln zum Trocknen hin.

EINGEMACHTE, UNREIFE WEINTRAUBEN. Man nehme 2 Pfund große, unreife Weinbeeren, mache die Kerne heraus, tue sie in kochendes Wasser und lasse sie damit aufwallen, dann aber auf gelindem Feuer 5 bis 6 Stunden verdeckt stehen, damit die Früchte wieder grün werden. Man lasse 2 Pfund Zucker zur k l e i n e n F e d e r kochen, tue die zuvor abgetropften Früchte hinein, lasse sie ein paar Mal damit aufwallen, schäume ab und verwahre sie in Kruken.

TROCKEN EINGEMACHTE, UNREIFE WEINTRAUBEN. Man behandle und blanchiere die Weinbeeren nach vorbeschriebener Weise, läutere und koche den Zucker bis zur k l e i n e n P e r l e, tue die Frucht hinein und lasse sie damit aufwallen. Am folgenden Tage kocht man den abgelassenen Zucker bis zur g r o ß e n P e r l e, lasse die hinzugetane Frucht verdeckt damit aufwallen und schäume ihn ab. Am dritten Tage lasse man die Weintrauben abtropfen und lege sie zum Trocknen auf zuckerbestreute Schieferplatten.

EINGEMACHTE QUITTEN. Man wähle recht reife, gelbe und gesunde Quitten, schneide sie in Viertel, schäle sie und schneide das Herz heraus. Wenn sie recht weich blanchiert sind, werfe man sie in frisches Wasser, dann aber lasse man sie abtropfen. Man koche geläuterten

Zucker zum B r e i t l a u f e n , tue die Quitten hinein und verdecke das Gefäß, so lasse man sie damit eine Viertelstunde gelinde kochen, nehme sie vom Feuer, um sie abzuschäumen, tue sie dann in ein irdenes Gefäß, und lasse sie zwei Tage stehen. Nach dieser Zeit koche man den abgelassenen Zucker etwas stärker bis zur k l e i n e n P e r l e , tue die Quitten dazu, lasse sie verdeckt damit aufwallen, dann aber wieder bis zum folgenden Tage stehen. Dies Verfahren wird am dritten Tage wiederholt, der Zucker aber dabei etwas stärker bis zur g r o ß e n P e r l e gekocht. Nachdem die Quitten etwas erkaltet, tue man sie in Büchsen oder Kruken und lege einen Fingerhoch Quittengelee darüber. Sollen die eingemachten Quitten eine schöne rote Farbe erhalten, mische man ein wenig Cochenille bei.

EINGEMACHTE ORANGENBLÜTE. Man lasse Wasser in einem Kessel sieden, werfe die frisch gepflückten Orangenblüten hinein und lasse sie etwa 20 Mal damit aufwallen. Wenn sie so weich sind, dass sie dem Fingerdrucke nachgeben, nehme man sie heraus und werfe sie in ein anderes Gefäß mit kochendem Wasser, in welches man den Saft von 2 Zitronen gedrückt hat, dann aber bringe man sie in kaltes Wasser, welchem gleichfalls der Saft einer Zitrone beigemischt werden muss. Nachdem die Orangenblüten auf diese Weise blanchiert worden, dann aber abgetropft sind, gieße man lauwarmen, geläuterten Zucker darüber und lasse sie stehen. Am folgenden Tage koche man den Zucker zum B r e i t l a u f e n und gieße ihn lauwarm über die Blüten, welche niemals an das Feuer gebracht werden dürfen. Am dritten Tage koche man den Zucker bis zur k l e i n e n P e r l e und gieße ihn wieder über die Orangenblüten, welche nun in Kruken eingefüllt werden können; man verschließe jedoch erst am folgenden Tage die Gefäße.

TROCKEN EINGEMACHTE ORANGENBLÜTE. Man behandle die Orangenblüte wie im vorigen Artikel gelehrt, koche jedoch das letzte Mal den Zucker nur bis zum B r e i t l a u f e n , dann aber lasse man alles erkalten, lege die Blüten zum Trocknen auf Siebe, bestreue sie dabei stark mit Zucker, wende sie am folgenden Tage um, indem man sie abermals mit Zucker bestreut. Man nehme zum Einmachen dieser Früchte den allerfeinsten Zucker, spare denselben auch nicht; die

Orangenblüte muss mit Zucker gesättigt werden. Man tut wohl nicht mehr als 2 bis 3 Pfund zu gleicher Zeit zubereiten.

EINGEMACHTE APFELSINEN. Man nehme dickschalige, gleich große Apfelsinen, schäle sie, tue sie erst in kaltes, dann in kochendes Wasser. Wenn sie so weich sind, dass der Kopf einer durchgestoßenen Nadel leicht eindringt, lege man sie wieder in kaltes Wasser. Man koche Zucker zum Breitlaufen, tue die Früchte hinein, lasse sie ein paar Mal damit aufwallen, schäume sie ab und lasse dann alles im irdenen Gefäß stehen. Den folgenden Tag koche man den abgelassenen Zucker wieder auf und übergieße damit die Früchte. Den drittens Tag läutere man den Zucker wieder, gieße noch etwas hinzu, tue die Orangen hinein und lasse sie mit aufkochen. Ebenso verfahre man die 2 folgenden Tage, dann aber koche man den Zucker bis zur Perle, lasse die Apfelsinen damit aufwallen und verwahre sie in Kruken. Will man die Orangen nicht ganz, sondern in Vierteln einmachen, so breche man sie vor dem eben angegebenen Verfahren an, mache sie ein und löse sie erst nach beendigtem Verfahren in Viertel.

EINGEMACHTE ZITRONEN. Diese Früchte werden wie die Apfelsinen behandelt.

ORANGENROQUILLEN (ROQUILLES D'ORANGES). Man nennt also die abgedrehte Schale der Orangen, welche man mit dieser zugleich einzumachen pflegt. Schon am dritten Tage lässt man sie abtropfen und bringt sie ins Trockenstübchen; man muss sie oft umwenden und Acht geben, dass sie nicht aneinander kleben. Wenn sie trocken sind, verwahrt man sie in Schachteln.

EINGEMACHTE ZITRONEN- ODER POMERANZENSCHNITTCHEN. Man nehme schöne, dickschalige Früchte, schneide davon Streifchen und werfe sie in kochendes Wasser, um sie zu blanchieren; wenn sie so weich sind, dass sie sich leicht zerdrücken lassen, bringe man sie in kaltes Wasser. Man koche feinen, ausgeläuterten Zucker zum kleinen Breitlaufen und gieße ihn heiß über die Zitronenschnittchen. Am folgenden Tage wird der abgelassene Zucker wieder ausgekocht und übergegossen. Dies Verfahren wird 2 Mal wiederholt; beim Letzteren lässt man den Zucker bis z u r P e r l e kochen, tut die Zitronenschnittchen hinein und lässt sie damit aufwallen. Nachdem sie erkaltet sind, lässt man sie abtropfen und bringt sie zum Trocknen ins Trockenstübchen, dann werden sie glasiert.

ZITRONAT. Man schneidet die Zitronenschalen in ¾ Zoll lange, sehr dünne Streifen, welche man ebenso wie die Zitronenschnittchen einmacht.

FEINE, TROCKEN EINGEMACHTE ODER KARAMELLIERTE FRÜCHTE. Wir haben in einer Reihe von Artikeln gezeigt, auf welche Weise man o r d i n ä r e trocken eingemachte Früchte herstellt; will man diese zu feinen umwandeln, so koche man die gehörige Quantität Zucker bis zum Karamell. Man stecke die zu karamellierenden Früchte an ein etwa fingerlanges, spitzes Birkenreis, tauche und wende die Frucht im Zucker, dass derselbe sich überall ansetze, dann aber lege man sie auf einen Marmortisch, dessen Platte zuvor mit reiner, ungesalzener, geschmolzener Butter bestrichen worden ist. Wenn die Arbeit beendet ist und die Früchte erkaltet sind, wickle man sie mit oder ohne Devise in Papier. Noch ist zu bemerken, dass mehr als eine Person bei diesem Geschäfte anzustellen sind, damit die Arbeit umso schneller von Statten gehe, was durchaus notwendig ist, weil der Zucker nicht erkalten darf; wollte man ihn aber am Feuer lassen, so könnte er leicht anbrennen.

ÜBERZOGENE ZITRONEN- UND POMERANZENSCHALE. Man nehme wohlgetrocknete, eingemachte Zitronen- oder Pomeranzenschale, schneide sie in Streifen, stecke diese an Birkenstäbchen und karamelliere sie auf oben angegebene Weise.

ÜBERZOGENE MARONEN. Man röste eine beliebige Anzahl Maronen in einer eisernen Pfanne; wenn sie essbar sind, löse man die obere Schale ab, stecke die Früchte einzeln an ein Birkenstäbchen und karamelliere sie nach vorgeschriebener Weise (s.d. Art. feine, trocken eingemachte Früchte).

KALTER PASTETENTEIG. MÜRBER TEIG. Man schütte ⅓ Metze feinstes Mehl auf einen Tisch, mache ein Loch in den Haufen und tue 1 Lot Salz, ein Glas Wasser, 1 Pfund Butter und das Gelbe von 2 Eiern hinein. Alle diese Ingredienzien wirke man in das Mehl ein, und wenn alles tüchtig durchgearbeitet, lasse man den Teig ein paar Stunden liegen, dass er sich setze und aufgehe. – Diesen Teig wendet man zu Schinken-, Hasen und überhaupt zu großen Pasteten an.

MÜRBER TEIG ZU WARMEN PASTETEN. Man schütte ⅓ Metze feinstes Mehl auf einen Tisch, mache ein Loch in der Mitte des Haufens, tue 1 Lot Satz, das Gelbe von 4 Eiern, 1 [5] Pfund Butter und ein Glas Wasser hinein. Man knete nun das Mehl mit allen diesen Ingredienzien tüchtig durch, treibe den Teig aus und lasse ihn vor dem Gebrauche ruhen. – Nicht allein zu warmen Pasteten, auch zu Frucht- und Cremetorten ist dieser Teig anwendbar.

BLÄTTERTEIG. Man schütte ½ Metze Mehl auf den Backtisch, mache in der Mitte ein Loch und tue 1 Lot Salz, das Gelbe von 6 Eiern, 2 ½ Gläser Wasser und ⅓ Pfund Butter hinein. Alle diese Ingredienzien wirke man gut in das Mehl ein. Der Teig muss nicht zu weich, auch nicht zu fest sein. Nachdem derselbe ½ Stunde gestanden, treibe man ihn etwa fingerdick aus, nehme 2 ¼ Pfund Butter, welche man zuvor in recht kaltem Brunnenwasser ausgewaschen, hernach aber zwischen reinen Tüchern ausgewässert hat, und lege sie darauf. Hierauf schlage man den Teig von allen Seiten um und treibe ihn sodann wieder mit dem Mangelholze aus, schlage ihn sodann wieder, in drei Teile gebrochen, zusammen, dehne ihn abermals aus und wiederhole dies Verfahren 4 bis 5 Mal. Diese Arbeit muss möglichst schnell (besonders im Sommer) von Statten gehen, weil durch das Mangeln die Butter leicht verbrennt und der Teig nicht gerät. – Die sogenannten Königskuchen (g a t e a u x d e

---

5   Anm. des Verlags: Menge ist im Original nicht genau zu erkennen. Es ist aber wahrscheinlich, dass es sich um 1 Pfund handeln soll.

r o i) werden aus solchem Teig bereitet, doch muss derselbe etwas fest gemacht und nur etwa 3 oder 4 Mal ausgetrieben werden.

EIERTEIG ZU BRIOCHEN (PROPHETENKUCHEN). Man nehme ⅓ Metze feinstes Mehl, schütte etwa den dritten Teil davon auf den Backtisch, mache in der Mitte ein Loch, tue etwa 1 Lot frische Hefe hinein, verdünne letztere durch etwas lauwarmes Wasser und wirke sie mit dem Mehle zu einem weichen Teig. In einem verdeckten Gefäße stelle man diesen Teig an einen warmen Ort und lasse ihn ausgehen. – Man nehme das übrige Mehl, mache ein Loch in der Mitte und tue eine starke Messerspitze Salz , etwas gestoßenen Zucker und 7 bis 8 Löffel voll Sahne hinein; ferner schlage man ein Dutzend frische Eier hinein, tue 1 Pfund gute Butter dazu und wirke dies alles tüchtig in das Mehl ein. Wenn unterdessen der zuerst bearbeitete Teig gut aufgegangen, so knete man ihn in den letzteren ein, tue die Masse in ein neues irdenes Gefäß und lasse dieses an einem mäßig warmen Orte stehen. Am folgenden Tage, während man den Ofen heizen lässt, lege man den Teig auf einen mit Mehl bestreuten Tisch, dehne ihn aus, schlage ihn 2 oder 3 Mal um, lege ihn wieder in das irdene Gefäß, bestreue ihn mit Mehl und lasse ihn verdeckt ein paar Stunden stehen. Nach dieser Zeit wiederhole man dies Verfahren. Wenn der Teig nun abermals 2 Stunden gestanden, lege man ihn auf den Tisch, gebe ihm mit den Händen eine runde Gestalt, drücke in die Mitte ein Teigkügelchen ein, und bringe die nun fertige Brioche auf einem mit Butter bestrichenen Papiere in den stark geheizten Ofen. – Man darf den Briochenteig nicht länger als 24 Stunden stehen lassen, ohne ihn zu brauchen, weil er sonst sauer und unverdaulich wird.

BABATEIG (PÂTE À BABA). ART FEINER NAPFKUCHEN. Man nehme ⅓ Metze feinstes Mehl und wirke etwa 1 ½ Lot frische Bierhefen in den vierten Teil desselben ein, wie im vorigen Artikel gelehrt worden. Zu dem übrigen Mehl tue man ½ Pfund große Rosinen (welche man zuvor auskernen muss), ⅓ Pfund ausgelesene und gewaschene Korinthen, 1 Lot fein zerschnittenen Zitronat und ein wenig Safran, welcher zuvor in Wasser aufgelöst werden muss; ferner: 4 Lot gestoßenen Zucker, 1 Lot Salz, 1 Glas Maderawein, ½ Glas Sahne, 10 Stück frische

Eier und 1 Pfund gute Butter. – Alle diese Ingredienzien wirke man in das Mehl und arbeite den Teig gut durch. Wenn dies geschehen, und der zuvor mit der Bierhefe angerührte Teig aufgegangen, so füge man ihn dazu und knete alles wohl durcheinander. – Sodann nehme man etwa den achten Teil dieses Teiges, mache ihn recht glatt, entferne daraus Rosinen oder Zitronatfragmente und belege damit die innere Fläche der mit Butter wohl ausgeschmierten Form, dann bringe man den übrigen Teig in dieselbe; so lasse man ihn 6 Stunden ruhig stehen, und backe ihn dann in einem heißen Ofen 1 ½ Stunde lang.

Die Rosinen dürfen deshalb nicht die Form berühren, weil sie an dieselbe anbacken würden.

PÂTE À LA TURQUE. Man nehme ½ Pfund Mehl, ¼ Pfund süße, abgehäutete Mandeln, 12 Lot Zucker, ¼ Pfund Butter und ein wenig gepulverten Safran; man zerreibe alle diese Ingredienzien, schlage so viel Eier dazu, um einen weichen Teig herzustellen, lege diesen und zwar gleichmäßig dick, auf eine mit etwas Butter bestrichene Tortenpfanne und lasse ihn bei gelinder Ofenhitze backen.

BISKUITTEIG. Man zerschlage 25 Stück Eier, tue das Weiße und die Dotter in verschiedene Gefäße. Man schlage das Gelbe mit etwa 2 Pfund fein gestoßenen, durchgesiebten Zucker und ein wenig Vanillepeitsche das Weiße und mische dann alles zu einem ½ Pfund Mehl. Man fülle mit Butter ausgeschmierte Blech- oder Papierformen mit diesem Teig, bestreue ihn mit Zucker und lasse ihn bei mäßiger Ofenhitze backen.

PÂTE À CHOUX. Man lasse ½ Kanne Wasser in einer Kasserolle mit ½ Pfund Butter, der abgeriebenen Schale von 2 Zitronen, ¼ Pfund Zucker und einer Prise Salz auskochen. Wenn das Wasser zu sieden anfängt, rühre man so viel Mehl daran, als es fassen kann, und lasse den Teig erkalten. Sodann schlage man so viel Eier dazu, als erforderlich sind, demselben die nötige Konsistenz zu geben; der Teig muss ziemlich weich sein, doch auch so fest, dass er sich bearbeiten lässt. – Nun gebe man ihm eine beliebige Form, glasiere ihn oder belege ihn oben mit Mandeln oder Pistazien.

Mäßige Ofenhitze ist beim Backen zu empfehlen.

Pâte à Poupelins. Man lasse ½ Quart Wasser mit ¼ Pfund Butter, einer Zitronenschale und ein wenig Salz aufkochen. Wenn das Wasser anfängt zu kochen, nehme man die Kasserolle vom Feuer und tue so viel Mehl dazu, als das Wasser fassen kann, setze das Gefäß wieder aufs Feuer und rühre die Mischung so lange mit einer Kelle, bis sie ganz trocken ist. – Man mache nun auf ganz ähnliche Weise eine zweite Portion dieses Teiges und bringe beide in den Reibemörser, füge ½ Pfund Zucker dazu und schlage nach und nach 25 bis 30 Stück Eier hinein. Man schmiere eine gehörig große Kasserolle mit Butter aus, und lasse den Teig darin bei mäßiger Hitze etwa 3 Stunden lang backen. Dann nehme man ihn ans dem Ofen: erscheint der Poupelin schön goldgelb, so schneide man den oberen Deckel ab, leere mit einem Löffel den inneren Raum dergestalt, dass nur die Rinde stehen bleibt. Wenn diese recht getrocknet (man stelle sie zu diesem Behuf vorn an die Ofenröhre), so bestreiche man die inneren Wände mit Aprikosenmarmelade, streue zerbröckelte, süße Makaronen darüber und stülpe den fertigen Poupelin auf eine Schüssel um.

Frangipane. Man rühre etwa eine ¼ Metze Mehl mit 20 Stück Eiern an, gieße 1 Quart Milch dazu, tue auch ein halb Viertel Butter und ein wenig Salz daran, bringe die Mischung aufs Feuer und lasse sie unter fortwährendem Umrühren ¼ Stunde kochen und dann kalt werden. Man zerreibe etwa 10 Stück süße und einige bittere Mandeln, desgleichen 3 oder 4 Makaronen und mische dies, so wie auch etwas gestoßenen Zucker und etwas gepulverte Orangenblüte, der Frangipane bei, welche man durch hinzugefügte Eier mehr oder minder konsistent machen kann.

Mandelkuchen. Man zerreibe ¼ Pfund enthäutete, süße und 2 Dutzend bittere Mandeln, und füge dazu ¼ Pfund pulverisierten Zucker und 1 ⅛ Pfund gute Butter, eine gestoßene, bittere Makarone, 2 Eierdotter, 2 Löffel voll geschlagene Sahne, ein wenig Salz und mische alles dieses wohl durcheinander.

Man mache nun einen Blätterteig, schneide ihn rund, rändele ihn und lege ihn auf eine Platte, gieße die Mandelmasse darauf und bedecke sie mit einem Deckel von ähnlichem Teig, passe denselben gut auf, bestreiche ihn mit Eigelb und zeichne mit einer Messerspitze ein beliebiges Muster darauf. Im ziemlich heißen Ofen muss dieser Mandelkuchen eine Stunde backen, dann bestreue man ihn mit Zucker.

BISCUIT DE SAVOIE. Auf ½ Pfund Mehl nehme man 25 Stück Eier und 2 ½ Pfund Zucker. Man sondere das Eiweiß von dem Gelben, schlage jedes einzeln, das Dotter mit dem Zucker, mische dann beides, tue das Mehl und etwas abgeriebene Zitronenschale dazu, siebe jedoch ersteres zuvor durch ein seidenes Sieb. Wenn alles gut gemengt ist, gieße man den Teig in kupferne, ausgezinnte, furchenartige Formen, die man zuvor mit frischer, geschmolzener Butter ausschmieren muss, dann glasiere man sie mit Zucker und Mehl, fülle den Teig ein und backe ihn in mäßiger Hitze.

KRACHTEIG PÂTE CROQUANTE. Man nehme ½ Pfund süße Mandeln, schäle sie und stoße sie, wenn sie etwas getrocknet sind, mit etwas Eiweiß und Orangenblütenwasser zu einem feinen Teig. Dann lasse man den Teig in einem Becken aus gelindem Feuer abdampfen, mische ¾ Pfund Zucker nach und nach ein, bilde aus dem Teig eine Art Brot, lasse es auf dem Tische erkalten, zerschneide es in beliebige Formen und backe diesen Kuchen im mäßig heißen Ofen.

HOLLÄNDISCHE WAFFELN. Man nehme 2 Quart gute Sahne, ½ Pfund feinstes Mehl, ½ Pfund geriebenen Zucker und 6 Quentchen Orangenblütenwasser. Die Sahne wird mit dem Mehl zerschlagen und wenn beides innig verbunden, tue man den Zucker dazu und gieße das Orangenblütenwasser hinzu, dass die Mischung milchdünn werde. Sodann mache man das Waffeleisen heiß, bestreiche es mit zerlassener Butter, fülle 1 ½ Löffel voll Teig hinein, drücke die Form zusammen und halte sie über glühende Kohlen. Man öffne das Eisen von Zeit zu Zeit ein wenig, um zu sehen, ob die Waffel hinlänglich gebacken ist; hat sie eine schöne Farbe, so wende man das Eisen um und wenn sie auch hier gehörig gebacken, so löse man sie mit einem Messer aus der Form.

Man kann Kompotts aus allerlei Früchten bereiten und behandelt dieselben dabei etwa ebenso wie beim Einmachen mit dem Unterschiede, dass man weniger Zucker dazu nimmt, dieser auch nicht so stark gekocht wird. Kompotts sind so zu sagen halb eingemachte Früchte, man kann sie selbst aus letzteren bereiten, indem man diese abtropfen lässt und ein wenig Zitronensaft darüber drückt.

Kompott von unreifen Aprikosen. Man nehme unreife Aprikosen, lauge sie ab, wie bei dem Artikel unreife eingemachte Aprikosen (s. pag. 56) gelehrt worden, spüle sie ab, durchsieche sie mit einer Nadel und werfe sie in frisches Wasser; hierauf blanchiere man die Früchte. Wenn sie anfangen im kochenden Wasser weich zu werden, nehme man sie vom Feuer, bedecke das Gefäß mit einem Tuche und lasse es stehen, damit die Aprikosen wieder grün werden; dann bringe man sie in frisches Wasser und lasse sie auf einem Siebe abtropfen. Man koche geläuterten Zucker, tue die Aprikosen hinein, lasse sie verdeckt 1 Mal mit aufwallen, nehme das Gefäß vom Feuer und lasse die Früchte 1 oder 2 Stunden in dem Zucker liegen. Nach dieser Zeit koche man den Zucker auf und zwar etwas stärker, drücke den Saft einer Apfelsine hinein, durchwürze ihn mit feinen Schnittchen Apfelsinenschale und lasse die Früchte wiederum darin aufwallen. Wenn sie nun in irdenem Gefäße erkaltet sind, richte man die Aprikosen in Kompottieren an, seihe den Zucker durch ein leinenes Tuch und gieße ihn darüber.

Kompott von unreifen Johannisbeeren. Man nehme schöne, unreife Johannisbeeren, schneide sie auf einer Seite auf, nehme die Kerne heraus und blanchiere sie in heißem nicht kochendem Wasser. – Wenn sie darin aufsteigen, nehme man sie vom Feuer und lasse sie kalt werden. – Nachdem man sie hat abtropfen lassen, tue man die Früchte in geläuterten, zum Breitlaufen gekochten Zucker, lasse sie etwa 20 Mal damit aufwallen, nehme sie dann ab und lasse sie in und mit dem Zucker erkalten. – Sodann schäume man sie leicht ab, bringe sie wieder aufs Feuer und lasse sie 5 bis 6 Mal aufwallen, dann richte man sie in Kompottieren an; den bis zur kleinen P e r l e gekochten Zucker gieße man darüber.

Kɪʀꜱᴄʜᴋᴏᴍᴘᴏᴛᴛ. Man nehme schöne, gute Kirschen, schneide die Stiele zur Hälfte ab, wasche die Früchte in frischem Wasser und lasse sie abtropfen. – Wenn die erforderliche Quantität Zucker geläutert worden, und zur Perle kocht, tue man die Kirschen hinein und lasse sie 4 bis 5 Mal damit aufwallen, nehme sie ab, rühre sie um und schäume den Zucker. Wenn sie kalt geworden, sind die Kirschen zum Anrichten fertig.

Hɪᴍʙᴇᴇʀᴋᴏᴍᴘᴏᴛᴛ. Man nehme schöne große Himbeeren, reinige und wasche sie in frischem Wasser und lasse sie auf Sieben abtropfen. Man koche den Zucker bis z u r F e d e r , tue die Himbeeren hinein, nehme den Kessel vom Feuer und lasse die Früchte darin stehen. Bald darauf schüttete man sie in und mit dem Gefäße um, doch behutsam, setze letzteres aufs Feuer und lasse die Früchte gelinde aufkochen. Nun kann man ihn in Kompottschalen anrichten.

Kᴏᴍᴘᴏᴛᴛ ᴠᴏɴ ʀᴏᴛᴇɴ ᴜɴᴅ ᴡᴇɪꜱꜱᴇɴ Jᴏʜᴀɴɴɪꜱʙᴇᴇʀᴇɴ. Man nehme schöne, große Johannissbeeren, körne sie ab, spüle sie in frischem Wasser ab, lasse sie abtropfen und verfahre weiter wie im vorigen Artikel gelehrt worden.

Kᴏᴍᴘᴏᴛᴛ ᴠᴏɴ ʀᴇɪꜰᴇɴ Aᴘʀɪᴋᴏꜱᴇɴ ᴏᴅᴇʀ Pꜰɪʀꜱɪᴄʜᴇɴ. Man schäle die Früchte, stoße die Kerne aus, blanchiere sie und tue sie dann in geläuterten Zucker, lasse sie mit demselben gelinde aufkochen, schäume sie ab und richte sie an. Man kann diese Kompotts auch auf andere Manier machen, nämliche man schält die Aprikosen und wirft sie sogleich in geläuterten, bis zum B r e i t l a u f e n gekochten Zucker, lässt sie darin kochen, bis sie anfangen weich zu werden, dann schäumt man sie ab und richtet sie an.

Kᴏᴍᴘᴏᴛᴛ ᴠᴏɴ Aᴘʀɪᴋᴏꜱᴇɴ ᴏᴅᴇʀ Pꜰɪʀꜱɪᴄʜᴇɴ à ʟᴀ ᴘᴏʀᴛᴜɢᴀɪꜱᴇ. Man schneide 1 Dutzend reife Aprikosen durch, nehme die Kerne aus, ordne die Früchte auf einen silbernen Teller, gieße geläuterten

Zucker mit ein wenig Wasser darüber und setze sie unbedeckt aufs Feuer; wenn sie weich gekocht sind, nehme man sie ab, bestreue sie mit Zucker, überdecke sie mit einem Tortenpfannendeckel, lege Kohlen auf denselben, um so den Früchten eine schöne Farbe zu geben. – Ebenso verfährt man mit Pfirsichen.

PFLAUMENKOMPOTT. Man nehme eine beliebige Art Pflaumen, blanchiere sie und lege sie, nachdem sie abgetropft sind, in flüssigen Zucker, lasse sie 2 bis 3 Mal mit demselben aufkochen, tue sie damit in ein irdenes Gefäß und lasse sie 24 Stunden stehen; dann bringe man sie wieder aufs Feuer, lasse sie abermals mit dem Zucker aufkochen und richte sie in Kompottschalen an. – Das Pflaumenkompott kann auch auf andere Weise gemacht werden: Man steine die Früchte aus und tue sie unblanchiert in geläuterten, zum B r e i t l a u f e n gekochten Zucker, lasse sie darin eine Zeit lang ziehen, dann aber 1 Mal mit demselben aufkochen.

BIRNENKOMPOTT. Man nehme Birnen von schmackhafter Art, schneide sie durch und blanchiere sie in kochendem Wasser; wenn sie anfangen weich zu werden, tue man sie in kaltes, mit etwas Zitronensaft vermischtes Wasser. Man koche und läutere die erforderliche Quantität Zucker, lege die Birnen hinein, lasse sie mehrmals mit demselben aufwallen, schäume ab und richte sie in Kompottschalen an.

Durch einen Zusatz von etwas Burgunder und präparierter Cochenille kann man dieses Kompott rot färben.

BIRNENKOMPOTT (À L A B O N N E F E M M E). Man schneide den Birnen die Blume (das Auge) aus, schabe den Stiel ab, wasche sie und lasse sie abtropfen, sodann koche man die Früchte bei gelindem Feuer mit Zucker, Zimmet, einem Paar Gewürznäglein, etwas Rotwein und ein wenig Wasser, und schäume sie fleißig. Wenn die Früchte gekocht sind, erscheinen sie runzlig, daher die Benennung à l a b o n n e f e m m e.

ÄPFELKOMPOTT E N G E L É E. Man schneide eine gute Sorte Äpfel durch, schäle sie, nehme die Herzen heraus und tue die Früchte in kaltes Wasser; einige derselben zerschneide man in kleine Stücke. Man lege die Äpfel in geläuterten Zucker, lasse sie weich kochen und richte sie in den Kompottschalen an.

Den Zuckersaft lasse man zu Gelee kochen und gieße ihn durch ein Haarsieb auf einen silbernen Teller; wenn das Gelee hier kalt und fest geworden ist, bringe man sie über den Kompott.

Gefüllte Äpfelkompotts. Man nehme schöne Reinetten, durchsieche die Schale mit einer Messerspitze, stoße die Herzen aus, fülle die Öffnung mit Aprikosen oder Orangenmarmelade und lasse sie in der Backröhre weich kochen; man lege die Äpfel auf eine Schicht Apfelmus.

Kompott von unreifen Weintrauben. Man schneide die unreifen Weinbeeren an einer Seite auf, kerne sie mit einer Federspule aus und tue sie in frisches Wasser. Sodann bringe man die Früchte in kochendes Wasser; sobald sie darin aufsteigen, nehme man sie vom Feuer und lasse sie bedeckt stehen und kalt werden. Man koche Zucker, tue die erkalteten abgetropften Weinbeeren hinein, lasse sie einige Mal mit aufwallen, schäumt sie ab und richte sie in Kompottschalen an.

Quittenkompott. Man nehme schöne Quitten, schneide sie in vier Teile, schäle sie, schneide das Herz heraus, blanchiere sie und lasse sie abtropfen. Sodann koche man geläuterten Zucker bis zum k l e i n e n B r e i t l a u f e n, lasse die Früchte damit gelinde aufwallen und richte sie dann in Kompottschalen an; den Zuckersaft aber koche man noch etwas stärker mit etwas Zimmet und Nelken auf, seihe ihn durch und gieße ihn über die Quitten.

Kompott von Orangenblüten. Man blanchiere sorgfältig die Orangenblütenblätter (siehe den Artikel e i n g e m a c h t e O r a n g e n - b l ü t e n), lasse das Wasser abtropfen, tue sie in geläutertem, nur lauwarmem Zucker und lasse sie darin 3 bis 4 Stunden ziehen.

Maronenkompott. Man schäle die obere Haut der Maronen ab, rüste sie in einer heißen Röhre, löse dann die zweite Haut davon ab, tue sie auf einen silbernen Teller, gieße etwas geläuterten Zucker darüber, lasse sie darin ziehen, drücke den Saft einer Apfelsine dazu, würze sie mit einigen Schnittchen Pomeranzenschale, bestreue sie mit Zucker und glasiere sie, indem man eine glühende Schaufel darüber hält.

ERDBEERKOMPOTT. Man schütte schöne, ausgelesene, gut abgewaschene Erdbeeren in eine Kompottschale und gieße siedend heißes Johannisbeergelee darüber.

BERBISBEERKOMPOTT. Man tue die roten, reifen, wohl gereinigten Früchte in geläutertem bis zur Feder gekochten Zucker, lasse sie in und mit demselben sieden bis 8 Mal aufwallen, schäume ab und richte sie an.

VON DEN GELEES

JOHANNISBEERGELEE. Man nehme schöne, rote Johannisbeeren, pflücke sie von den Stielen, zerdrücke sie und presse den Saft in ein irdenes glasiertes Gefäß; dieses lasse man wohl verdeckt 6 Tage lang im Keller oder an einem anderen, kühlen Orte stehen. Nach dieser Zeit wird man den Saft mit einer starken Haut überzogen finden, man nehme sie behutsam ab und gieße, ohne das Gefäß zu rütteln, den Fruchtsaft vorsichtig in ein anderes Gefäß klar ab. Nunmehro wiege man den abgeklärten Johannisbeersaft, nehme auf jedes Pfund ½ Pfund gestoßenen Zucker und bringe ihn mit demselben aufs Feuer; den häufig aufsteigenden Schaum nehme man sorgfältig ab und koche den Saft etwa 1 Stunde lang. Folgende Probe mag man anstellen, um zu wissen, ob das Gelee genug gekocht sei: Man tue ein paar Tropfen davon auf einen recht kalten Teller: wenn der Saft sich verdickt und das Gelee Konsistenz annimmt, so ist es Zeit, die Masse vom Feuer zu nehmen; bleibt er dagegen flüssig, so müsste man sie länger kochen lassen. Man füllt das heiße Gelee in irdene Büchsen, welche man erst dann verschließt, wenn jene kalt geworden ist.

JOHANNISBEERGELEE OHNE FEUER. Man presse den Saft aus recht reifen Johannisbeeren, nehme auf jedes Pfund Saft 1 Pfund fein gestoßenen Zucker, rühre beides fleißig zusammen, seihe ihn durch einen Filterbeutel, fülle das Gelee in kleine Töpfe oder Gläser und lasse solche ein paar Tage an der Sonne stehen. Man muss die Johannisbeeren nicht abwaschen; das Gelee wird dadurch besser. Dieses ohne Feuer zubereitete Johannisbeergelee ist nicht minder vorzüglich als das gekochte.

HIMBEERGELEE. Man nehme ⅔ Himbeeren und ⅛ rote Johannisbeeren, entferne alles Grüne, presse den Saft aus den Früchten, lasse ihn 3 Tage lang verdeckt im Keller zum Abklären stehen, dann aber verfahre man weiter, wie beim Artikel J o h a n n i s b e e r g e l e e gezeigt worden.

HIRSCHHORNGELEE. Man nehme 1 Pfund echtes, geraspeltes Hirschhorn, schütte es in eine Kasserolle, gieße 5 Quart Wasser darüber, lasse es zur Hälfte einkochen und gieße es durch ein Sieb in ein irdenes Gefäß. Nachdem die Kasserolle gut ausgewaschen, gieße man das Weiße eines Eies mit ein wenig Wasser hinein, schlage dasselbe zu Schnee, tue das Hirschhorndekokt und 1 Pfund gestoßenen Zucker dazu, mische dies mit dem Eiweiß und setze dann die Kasserolle wieder aufs Feuer. Hier nehme man den aufsteigenden Schaum fleißig ab, gieße den durchgeseihten Saft von 6 Zitronen, sowie auch ¾ Quart besten Franz- oder Rheinwein dazu, lasse alles einige Male aufkochen und filtriere es 2 bis 3 Mal durch den Beutel, in welchem man ein paar Stücke Zimmet werfen kann. Den auf diese Weise abgeklärten Saft fülle man nach Belieben in gläserne oder irdene Gefäße. Das Geschäft der Filtrierung muss in der Nähe des Feuers vorgenommen werden, weil sonst der Saft sich verdicken und nicht mehr durch den Beutel laufen würde.

APFELGELEE. Man schäle die beliebige Anzahl Reinetten, schneide sie in Stücke, nehme das Herz heraus und lasse sie dann mit Wasser stark kochen. Man filtriere den Saft durch einen Beutel, nehme auf jedes Pfund Saft 1 Pfund gestoßenen Zucker und lasse beides miteinander kochen. – Ein Paar hinzugefügte Zimmetstangen oder etwas Zitronenschale, oder beides zugleich, werden die Mischung würziger und schmackhafter machen; doch muss man diese Ingredienzien wieder herausnehmen, wenn der Saft zu gelieren beginnt. – Um zu erproben, ob der Saft die gehörige Konsistenz habe, mache man den bei dem Artikel J o h a n n i s b e e r g e l e e angegebenen Versuch. – Will man dem Apfelgelee eine schöne gelbe Farbe geben, so mische man dem Safte, ehe er anfängt sich zu verdichten, eine Safranauflösung bei. Man lasse mit diesem Zwecke etwas Safran in einem Glase Wasser 24 Stunden weichen, und seihe es dann durch Leinwand.

QUITTENGELEE. Man wische 20 Stück Quitten ab, schneide sie in Stücke und lasse sie in 6 Quart Wasser bis auf 2 Quart einkochen, gieße den Saft durch ein Sieb in ein irdenes Gefäß, lasse die Früchte wohl abtropfen, filtriere den Saft durch den Beutel und wiege ihn. – Jedes Pfund Saft erfordert 4 Pfund Zucker; man koche letzteren zum B r u c h , mische den Saft bei und lasse ihn mit demselben zur Geleekonsistenz kochen. – Etwas hinzugefügte, preparierte Cochenille gibt dem Quittengelee eine schöne rote Farbe. – Den abgeschäumten Saft fülle man in Büchsen oder andere irdene oder gläserne Gefäße.

VON DEN CREMEN

GESCHLAGENE CREME. Man fülle ½ Quart süße Sahne in eine Schüssel, tue eine gehörige Menge gestoßenen Zucker , eine Prise gepulvertes Gummitragant und etwas Orangenblütenwasser hinein; dies alles schlage man mit einer Birkenrute stark durcheinander zu Schnee, lasse diesen sich setzen, nehme ihn mit einem Schaumlöffel ab und richte ihn in einem Napfe an. Man verziere diese Creme mit zerschnittener Zitronen- oder Pomeranzenschale.

SCHNEECREME. Man tue 1 Quart Sahne, 2 frische Eiweiß, 4 Löffel voll pulverisierten Zucker und 6 Tropfen Orangenblütenwasser in einen Napf, und schlage dies alles mit einer Birkenrute. Sowie der Schnee sich bildet, hebe man ihn mit dem Schaumlöffel ab, lege ihn in ein fein geflochtenes Körbchen auf dünne Leinwand, lasse ihn hier abtropfen und richte ihn dann an.

LEICHTE CREME. Man nehme 1 Quart Rahm oder Sahne und ebenso viel gute Milch, tue 2 bis 3 Löffel voll pulverisierten Zucker dazu und koche alles bis zum Drittel ein. Man schlage 2 frische Eiweiß, und wenn sie recht schäumen, gieße man sie in die Creme, setze diese aufs Feuer und lasse sie unter beständigem Umrühren aufwallen; schließlich gieße man ein wenig Orangenblütenwasser dazu und richte sie an. Diese Creme wird kalt genossen.

ITALIENISCHE CREME. Man nehme 1 Quart frische Sahne, das Gelbe und Weiße von 2 Eiern, 3 Löffel voll gestoßenen Zucker und etwas Orangenblütenwasser. Wenn alles gut durchgeschlagen und die Creme dick geworden, tue man sie auf einen tiefen Teller, umringe sie mit gegossenem Zucker und bedecke sie mit einem Tortenpfannendeckel; also bringe man sie auf ein ganz gelindes Feuer, lege auch Kohlen auf den Deckel und backe sie gar. Wenn sie kalt geworden, ist sie zum Anrichten fertig.

HIMBEERCREME. Man schlage gute Sahne wohl durch einander, füge gestoßenen Zucker und recht reife Himbeeren dazu; letztere müssen zuvor durch ein Sieb gedrückt, auch in hinlänglicher Menge beigemischt werden, um der Creme den Himbeergeschmack zu geben.

ERDBEERCREME. Wird ganz nach vorstehender Anweisung bereitet. Die Gefäße, auf welchen beide Arten angerichtet werden, kann man noch mit den Früchten belegen.

JUNGFERNCREME (CREME VIERGE). Man nehme 1 Quart gute Milch, 3/8 Quart recht frische süße, Sahne, ¼ Pfund Zucker und 4 bittere Makaronen, dies alles koche man bis zum vierten Teil ein; man schlage das Weiße von 2 frischen Eiern mit 5 bis 6 Tropfen Zitronensaft, oder einem Schnittchen Zitronenschale, mische es dem Übrigen bei und setze die Creme auf ein gelindes Feuer; hier rühre man sie fleißig mit einem Spatel, bis sie anfängt sich zu verdichten, dann aber gieße man sie durch ein nicht zu feines Sieb und stelle sie an einen kühlen Ort. Beim Anrichten verziert man die Schale mit Blumen.

MANDELCREME. Man nehme ¼ Pfund süße Mandeln, werfe sie in kochendes Wasser, enthäute sie, lege sie in frisches Wasser, und wenn sie gut abgetropft sind, zerstoße man sie mit ein wenig Wasser. Man schlage das Weiße von 2 Eiern in 1 Quart Milch, tue ¼ Pfund Zucker dazu und lasse, bei gelindem Feuer, die Mischung zum Viertel einkochen. Wenn die Creme anfängt sich zu bilden, tue man die Mandeln dazu, lasse alles noch einmal aufwallen und gieße dann die Mischung durch ein Sieb; man füge noch einen Teelöffel voll Orangenblütenwasser hinzu, lasse die Creme erkalten und belege sie ringsum mit gebrannten Mandeln.

PISTAZIENCREME. Man brühe 6 Lot schöne, grüne Pistazien, schäle sie, zerstoße sie mit ein wenig Zitronenschale und drücke sie durch ein Sieb. Man mische das Gelbe von 2 Eiern in 1 Quart Milch, tue 8 Lot Zucker, sowie auch die Pistazien dazu und lasse alles auf gelindem Feuer kochen, rühre die Mischung dabei fleißig um, lasse die Creme nicht zu dick werden, drücke sie durch ein Haarsieb und richte sie an. Den Rand des Tellers umlege man mit Pistazien.

SCHOKOLADENCREME. Man nehme 1 Quart Milch, ½ Quart Sahne, 2 Eidotter, 6 Lot Zucker, mische alles untereinander, und lasse es unter beständigem Umrühren bis zum vierten Teil einkochen. Sodann tue man 4 Lot feine, zerriebene Schokolade dazu, lasse alles noch 5 bis 6 Mal aufwallen, drücke die Creme durch ein Sieb und richte sie an. Man pflegt diese Creme kalt zu genießen, und belegt das Gefäß mit kleinen Biskuits oder bitteren Makaronen.

ENGLISCHE CREME. Man nehme 2 Eidotter, ¼ Pfund Zucker, 4 Lot eingemachte Zitronen- oder Pomeranzenschale und 10 Lot geschälte Pistazien; man zerreibe dies alles, löse es in 1 Quart guter Milch auf und lasse es bei gelindem Feuer, unter beständigem Umrühren, kochen, sorge auch, dass die Creme nicht am Boden des Gefäßes hafte; man würze sie mit 5 bis 6 Tropfen Orangenblütenwasser, bringe sie auf eine Schüssel und setze diese aufs Feuer, bis der Rand eine Art Kruste erhält; sodann bestreue man die Creme mit Zucker, gebe ihr mit einer glühenden Schaufel eine schöne gelbe Farbe und bringe sie auf den Tisch.

CREME À L'EAU. Man schlage 4 frische Eier, das Weiße und die Dotter, mit 1 Quart Wasser, der zerhackten Schale 1 Zitrone, dem Safte der Frucht und ¼ Pfund Zucker; man seihe das Ganze 2 bis 3 Mal durch ein Tuch, bringe die Creme dann in einer Schüssel auf ein schwaches Feuer, dass sie nur ganz leicht aufwalle, rühre sie mit einem Löffel, bis sie dick wird, wo sie dann zum Anrichten fertig ist.

MANDELMILCH. Man brühe, schäle und zerreibe 8 Lot süße Mandeln mit etwas Milch, drücke sie durch ein feines Sieb, löse sie dann in einem Quart guter Milch auf und lasse die Mischung bis zur Hälfte einkochen; sodann füge man ¼ Pfund pulverisierten Zucker und ein paar Tropfen Orangenblütenwasser dazu, lasse alles noch 1 Mal aufwallen und richte die Mandelmilch in einem porzellanen Gefäße an.

TRAUBENSIRUP ZU BEREITEN, NACH ANGABE DES HERRN PARMENTIER. Man nehme 24 Quart Most, bringe die Hälfte in einem Kessel aufs Feuer, lasse ihn nicht zu stark kochen, gieße nach Maßgabe der Abdampfung den noch übrigen Most in den Kessel, schäume und rühre die Flüssigkeit, um die Verdunstung zu befördern. Nachdem auf diese Weise die ganze Quantität des Mosts gekocht und abgeschäumt worden, nehme man den Kessel ab, werfe 1 Säckchen mit gereinigter Asche, oder etwas spanischer Kreide, oder auch gewöhnliche gepulverte Kreide, welche man vorher mit ein wenig Most aufgelöst hat, hinein, bis man kein Aufbrausen mehr in der umzurührenden Flüssigkeit bemerkt. Auf diese Weise scheidet und neutralisiert man die in der Traube enthaltenen Säuren. Man tauche Lackmuspapier in die Flüssigkeit: wenn dieses sich nicht rot färbt, so ist der besagte Zweck erreicht. Sodann bringe man den Kessel wieder aufs Feuer; nachdem man die Flüssigkeit hat ein wenig absetzen lassen, schütte man 2 geschlagene Eiweiß hinein, seihe sie durch ein wollenes, in einen etwa 12 bis 15 Quadratzoll großen, hölzernen Rahmen eingespanntes Zeug, lasse sie abermals kochen und wiederhole dies Verfahren mehrere Male.

Um zu erkennen, ob der Sirup genug gekocht hat, lasse man einen Tropfen auf einen Teller fallen: wenn der Tropfen hierbei weder spritzt, noch sich ausdehnt, wenn die getrennten Teile sich langsam und träge wieder zusammenfügen, hat die Flüssigkeit die nötige Konsistenz. Es ist nicht gut möglich, die Quantität Kreide oder Asche, welche zur Neutralisierung nötig ist, genau zu bestimmen, aber auf jeden Fall kann das Zuviel nicht schaden, da solches mit dem Schaume auf dem Filtriertische zurückbleibt. Wollte man den Sirup zu stark kochen, in der Absicht, ihn länger zu erhalten, so würde man sehr irren, denn bald würde der Sirup in den Flaschen dünner werden und am Boden derselben Kristalle ansetzen. Ließe man dagegen den Most nicht genugsam abdampfen, so würde der Sirup bald in Gärung übergehen. Erfahrung ist hier der beste Lehrmeister.

Man gebraucht diesen Sirup zur Bereitung der Kompotts, des Eingemachten, der Liköre und Ratasias.

Sirup aus Zucker zubereiten. Man nehme 1 Pfund gelben Farinzucker und 3 Pfund Honig, tue beides in eine Kasserolle mit 1 Quart Brunnenwasser, in welchem 2 Eiweiß aufgelöst worden. Man koche alles zusammen, schäume es recht klar ab, lasse die Flüssigkeit erkalten und fülle sie in Flaschen, welche man erst dann verschließt, wenn der Sirup ganz kalt geworden ist.

Gute Wirtinnen bedienen sich dieses Sirups statt des Zuckers und gebrauchen selbst den Schaum, um ordinäre Kompotts zu süßen.

Von den Säften (des Sirops)

Sirup von Johannisbeeren und Himbeeren. Man nehme 2 Pfund nicht ganz vollkommen reife Johannisbeeren, 1 Pfund Kirschen und ebenso viel Himbeeren. Man steine die Kirschen aus, zupfe von den anderen Früchten alles, was grün ist, ab, drücke den Saft in ein irdenes Gefäß, seihe ihn durch ein Haarsieb und lasse ihn 24 Stunden ruhig im Keller stehen; sodann nehme man die Haut ab, welche sich aus dem Safte angesetzt haben wird, und filtriere diesen durch den Beutel. Das Parfüm der Himbeere ist sehr flüchtig, sollte demnach der Saft nicht gehörig damit durchwürzt sein, so schütte man noch eine verhältnismäßige Menge reifer Himbeeren in den abgeklärten Saft, lasse sie in demselben 3 bis vier Tage liegen und gieße dann alles durch ein seidenes

Sieb. Man lasse hierbei die Flüssigkeit ruhig ablaufen, ohne die Himbeeren zu pressen. Auf ½ Pfund Saft nehme man 30 Lot gestoßenen Zucker, tue beides in einen Kolben und setze diesen in einem Marienbad auf gelindes Feuer. Wenn der Zucker ganz geschmolzen, mache man das Feuer aus, lasse das Gefäß erkalten und fülle den Saft in Flaschen.

Einfacher ist folgende Bereitungsart dieses Sirups:

Man behandle den Fruchtsaft nach der im vorigen Artikel angegebenen Weise, nehme aber dann auf 1 Quart Saft nur ½ Pfund gepulverten Zucker, tue diesen und jenen in einen gewöhnlichen Konfitürenkessel und lasse, wenn der Zucker vollkommen geschmolzen, den Saft einige Mal verdeckt aufwallen, sodann nehme man das Gefäß vom Feuer und fülle den abgekühlten Sirup in Flaschen.

MAULBEERSAFT. Man nehme 2 Pfund nicht ganz reife Maulbeeren. Die Früchte dürfen nicht ganz reif sein, weil der Saft in diesem Fall zu unschmackhaft und matt sein würde. Man tue die Maulbeeren mit 2 Pfund gestoßenen Zucker in einem Konfitürekessel auf ein gelindes Feuer. Man hüte sich wohl, die Früchte zu zerdrücken, denn der Sirup würde dadurch trübe werden; durch die Wirkung der Hitze platzen die Maulbeeren von selbst, der Saft vermischt sich mit dem gestoßenen Zucker und wird auf diese Weise vollkommen klar erscheinen. Man lasse die Mischung einige Mal aufwallen, dann erkalten und fülle sie nun in Flaschen.

Um zu erkennen, ob der Saft hinlänglich gekocht worden, lasse man einen Tropfen aus einem Löffel auf einen Teller fallen: wenn der Tropfen nicht auseinander spritzt, im Gegenteil wulstartig liegen bleibt, so hat der Saft die erforderliche Konsistenz.

UNREIFER TRAUBENSAFT. Man zerdrücke recht grüne Weinbeeren in einem irdenen Gefäße, gieße den Saft durch ein Haarsieb und filtriere ihn durch den Beutel.

Man koche ferner 3 Pfund Zucker bis zur k l e i n e n F e d e r o d e r z u m F l u g, mische zu demselben 6 Pfund Traubensaft, setze den Kessel auf ein recht starkes Feuer und lasse den Zucker bis z u r P e r l e kochen, nehme dann das Gefäß ab und fülle den halb erkalteten Sirup in Flaschen.

QUITTENSAFT. Man nehme recht reife Quitten, reibe das Fleisch auf einem Reibeisen, drücke es durch ein Tuch, um den Saft auszupressen, stelle diesen an die Sonne oder an einen warmen Ort, bis er einen Bodensatz abgesetzt hat und filtriere ihn dann durch den Beutel. Auf 8 Lot abgeklärten Saft nehme man 1 Pfund geläuterten Zucker, mische beides und lasse es bis z u r P e r l e kochen; dann nehme man das Gefäß vom Feuer und fülle den Saft, wenn er fast erkaltet ist, in Flaschen.

APFELSAFT. Man nehme 6 Stück schöne Reinetten, schäle und schneide sie in Stücke, tue sie in einen Kolben mit ¾ Pfund gestoßenen Zucker und ¼ Quart Wasser. Man verschließe den Kolben gut, setze ihn in ein Marienbad und unterhalte die Hitze 2 Stunden lang zum Grade des kochenden Wassers, schüttele den Kolben auch von Zeit zu Zeit um, ohne ihn aus dem Wasser zu nehmen, wobei man wohl Acht geben muss, dass nicht einzelne Teile desselben von der Kälte ergriffen werden, wodurch das Gefäß springen wurde. Nach zweistündigem Kochen lösche man das Feuer aus und lasse den Kolben im Bade erkalten. Wenn der Saft fast ganz abgekühlt ist, aromatisiere man ihn nach Belieben entweder durch Zitronensaft oder mit einem Löffel voll Zitronen- oder Zimmetgeist, oder durch etwas Orangenblütenwasser etc. Wenn sich hierbei eine Art Bodensatz niederschlägt, so lasse man alles noch ein paar Stunden stehen und gieße dann erst behutsam und langsam den Sirup in Flaschen.

KIRSCHSAFT. Man nehme möglichst schwarze, saure Kirschen, in Ermanglung derselben aber gewöhnliche saure Kirschen, steine sie aus, presse den Saft in ein irdenes Gefäß, lasse ihn 24 Stunden an einem kühlen Orte stehen, damit er sich abkläre, gieße ihn dann behutsam in einen Kessel, tue auf jedes Pfund Saft 2 Pfund gestoßenen Zucker und 2 Quentchen Zimmet. Letzteren muss man einen Tag vorher im Wasser aufweichen lassen; den Zimmet selbst wickele man in ein Läppchen, werfe dieses in den Kessel, in welchen man gleichfalls das Glas Wasser, worin der Zimmet erweicht worden, schüttet. Man lasse den Sirup ½ Stunde kochen, schäume ihn ab, nehme das Gefäß vom Feuer, drücke das Zimmetbeutelchen gut aus und fülle den Saft, wenn er erkaltet ist, in Flaschen.

VEILCHENSAFT. Man rupfe von 1 Pfund Veilchen die Stiele und Kelche ab, stoße sie leicht in einem Steinmörser mit hölzerner Keule, tue sie dann in einen gläsernen Kolben, den man zuvor nach und nach erwärmen muss. Man kann sich auch hierbei eines Topfes von Steingut, dessen Öffnung jedoch nicht sehr breit sein darf, bedienen: auch ein solches Gefäß muss vorher erwärmt werden. Wir empfehlen vorzugsweise Glas- und Fayencegeschirr zu dem vorhabenden Zwecke und widerraten den Gebrauch von metallenen Gefäßen, desgleichen vor Gefäßen, welche Bleiglasur haben, und daher schädlich werden könnten. Sodann gieße man 2 Pfund kochendes Wasser über die Veilchen, verschließe das Gefäß sorgsam, lasse es 12 Stunden auf warmer Asche stehen und seihe den Saft dann durch eine Serviette; indem man diese stark drückt, nimmt man den Veilchen den Farbestoff. Man lasse den ausgepressten Saft eine gute ½ Stunde stehen, gieße dann die Flüssigkeit klar ab und wiege sie; man wird ungefähr 1 Pfund vorfinden. Auf diese Quantität nehme man 2 Pfund gestoßenen Zucker, tue diesen in einen wenigstens 2 Quart haltenden Kolben, gieße die Veilchenauflösung darüber, binde das Gefäß zu und setze es in ein Marienbad bei mäßigem Feuer. Man muss den Kolben von Zeit zu Zeit umschütteln, ohne ihn zu öffnen, sich auch wohl hüten, dass nicht Kälte zuschlage, weil er dann springen würde. Wenn der Zucker aufgelöst ist, lösche man das Feuer aus, lasse den Kolben erkalten und fülle den Saft in Flaschen.

NELKENSAFT, ORANGENBLÜTENSAFT, KLATSCHROSENSAFT (SIROP DE COQUELICOT). Werden nach der im Artikel Veilchensaft angegebenen Weise verfertigt.

SIRUP VON HIMBEERESSIG. Man gieße 1 ½ bis 2 Quart guten Essig in ein gläsernes Gefäß oder in einen irdenen Krug, tue soviel reife ausgelesene Himbeeren hinein, als der Essig fassen kann, und lasse dies 8 Tage stehen; dann drücke man die Himbeeren aus und gieße die Flüssigkeit durch ein seidenes Sieb. Man wiege die durchgeseihte Flüssigkeit, nehme auf jedes Pfund 2 Pfund feinen Zucker, tue diesen in einen Kolben, gieße den Himbeeressig darüber, verschließe das Gefäß und setze es in ein Marienbad bei gelindem Feuer; sobald der Zucker vollkommen geschmolzen, lösche man das Feuer, lasse den

Sirup erkalten und fülle ihn in Flaschen, welche hermetisch zu verschließen sind.

Sɪʀᴏᴘ ᴅᴇ Cᴀᴘɪʟʟᴀɪʀᴇ. Das Capillaire de Canada, Frauenhaar, (adianthum capillis veneris Lin.) enthält einen leichten, angenehmen, wohlriechenden Stoff, der aber ungemein flüchtig ist. Soll der Sirup diesen der Pflanze eigentümlichen Geruch erhalten, so muss man ihn, wenn er gehörig gekocht, siedend heiß auf eine zweite Portion grobgehackter Kräuter gießen, das Gefäß bedecken und den Sirup so erkalten lassen. Durch diesen doppelten Aufguss wird derselbe den schönen balsamischen Geschmack und Geruch, das dem Capillaire eigen ist, erhalten. Das ganze Verfahren würde demnach folgendes sein: Man nehme 2 Lot Capillaire de Canada, tue es in ein glasiertes, irdenes Gefäß, gieße 4 Pfund kochendes Wasser darüber und lasse den Aufguss 12 Stunden auf heißer Asche stehen, drücke dann die Kräuter aus, siehe die Auflösung durch und lasse 4 Pfund Zucker in derselben zergehen. Diese Mischung setze man in einem Konfitürenkessel aufs Feuer, läutere sie mit Eiweiß und lasse den Sirup bis zur Perle kochen; dann erfolge der zu Anfang dieses Artikels erwähnte zweite Aufguss und schließlich eine abermalige Durchseihung. Wenn der Sirup erkaltet ist, fülle man ihn in Flaschen, welche hermetisch zu verschließen sind.

Sɪʀᴜᴘ ᴠᴏɴ Zɪᴛʀᴏɴᴇɴsᴄʜᴀʟᴇɴ. Man tue 10 Lot Schnittchen von frischen Zitronenschalen in einen zuvor gewärmten Glaskolben, gieße 2 Pfund recht heißes, beinah kochendes Wasser darüber, verschließt das Gefäß sorgfältig und lasse es 12 Stunden auf heißer Asche stehen. Nach Verlauf dieser Zeit siehe man den Aufguss durch, ohne die Zitronenschalen auszupressen, tue 2 Pfund grob gestoßenen Zucker dazu und lasse alles bis zur großen Perle kochen; dann nehme man den Sirup vom Feuer, und wenn er etwas abgekühlt ist, erhöhe man seinen Wohlgeruch durch ein paar Tropfen Zitronengeist.

Zɪᴍᴍᴇᴛsɪʀᴜᴘ. Bei Bereitung des Zimmetsirups, so wie auch des Granat-, Kerbel- und Kressensirups, verfahre man nach der im vorstehenden Artikel angegebenen Weise.

SIRUP VON ZITRONENSAFT. Man nehme ¾ Pfund frisch ausgepressten Zitronensaft, lasse ihn 4 Tage im Keller stehen, damit der Saft sich vollkommen abkläre, dann gieße man ihn durch Löschpapier. Man gebe wohl Acht, dass der Zitronensaft nicht schimmele, wozu er sehr geneigt ist; um diesem Übel vorzubeugen, wähle man nur durchaus gesunde Zitronen, nehme auch keine, deren Saft bitter ist. Wenn der Zitronensaft auf vorbeschriebene Weise geläutert worden, zerschlage man 1 ½ Pfund feinen Zucker, schütte ihn in einen 4 Quart haltenden Kolben, gieße den Zitronensaft dazu, binde das Gefäß mit Papier zu und setze es in ein Frauenbad aufs Feuer. Sobald man bemerkt, dass der Zucker völlig aufgelöst, lasse man das Feuer ausgehen und den Kolben erkalten; dann aromatisiere man den Sirup mit 2 Löffel voll Zitronengeist und fülle ihn in Flaschen.

SIROP D'ORGEAT. Man nehme 1 ½ Pfund süße und 1 Pfund bittere Mandeln, werfe sie in kochendes Wasser, enthäute sie, wasche sie ab, und zerreibe sie in einem Steinmörser; hierbei befeuchte man sie mit ein wenig Wasser. Wenn die Mandeln zu einem recht feinen Teig zerrieben worden, so verdünne man denselben mit etwa ½ Quart Wasser, tue ihn sodann in ein leinenes Tuch und presse ihn durch dasselbe. Auf das in dem Tuche zurückgebliebene Satz gieße man abermals etwas Wasser, ungefähr ¼ Quart, und presse es aufs Neue aus. Die auf solche Weise gewonnene Mandelmilch gieße man in einen Kolben, den man nur zwei Dritteile füllen muss, tue 2 Pfund grob gestoßenen Zucker, sowie auch etwas Orangenblütenwasser dazu und setze denselben wohl verschlossen in ein Marienbad. Wenn der Zucker vollkommen aufgelöst ist, lasse man das Feuer ausgehen und fülle den Sirup, wenn er kalt geworden, in Flaschen.

SIROP D'ORGEAT AUF EINE ANDERE ART. Wenn man keinen Kolben besitzt, kann man den Orgeatsirup auf eine andere Weise bereiten. Man koche nämlich die vorgeschriebene Dosis Zucker in einem Konfitürenkessel bis zur großen Feder, gieße die Mandelmilch dazu, lasse sie ein paar Mal damit aufwallen, nehme sie dann sogleich vom Feuer und aromatisiere sie, wenn sie etwas abgekühlt ist, mit Orangenblütenwasser.

Es gibt noch eine dritte Art, den Orgeatsirup zu bereiten. Man setzt nämlich die Mandelmilch mit fein gestoßenem Zucker in einem Kessel aufs Feuer. Wenn der Sirup anfängt zu kochen, gieße man eine Tasse voll Orangenblütenwasser dazu, lässt die Mischung noch 2 oder 3 Mal aufwallen, nimmt das Gefäß vom Feuer und füllt den Sirup, wenn er kalt geworden, in sorgfältig zu verschließende Flaschen. Eigene Erfahrung hat uns gelehrt, dass der nach letzterer Vorschrift bereitete Sirup sich 8 bis 10 Jahre wohl erhält, ohne an Güte zu verlieren. 2 oder 3 kleine Löffel voll sind hinreichend, um ein Glas guten Orgeat zu machen.

Auf welche Weise man nun auch den Orgeatsirup bereite, so wird man immer bemerken, dass er sich nach einiger Zeit in zwei Teile abscheidet; der untere wird dünn und durchsichtig, der obere bleibt weiß und dick. Wenn man daher den Sirup brauchen will, muss man zuvor die Flasche schütteln, um die abgeschiedenen Teile zu vermischen. Man tut auf jeden Fall wohl, den Sirup von Zeit zu Zeit umzuschütteln, um ihn zu erhalten und um zu verhindern, dass der vom Zucker entblößte Teil schimmele.

Noch einige Bemerkungen über die Fruchtsäfte (Sirops)

Wenn man die Säfte (sirops) vorsichtig und regelrecht bereitet hat, so halten sie sich mehrere Jahre; jedoch wird man nach einiger Zeit eine kleine schwache Gärung in denselben bemerken. Wenn der Saft aber richtig behandelt worden ist, so hat diese Bewegung nichts Bedenkliches, und wird bald von selbst aufhören; sind dagegen die Fruchtsäfte nachlässig bereitet worden, so wird die zunehmende Gärung allerdings die Mischung gänzlich verderben. Nicht gehöriges Ausläutern der Säfte, zu starkes oder zu schwaches Kochen eine zu große oder zu kleine Dosis Zucker sind die Ursachen, die hier zum Grunde liegen. Wenn dergleichen Fehler vorgefallen sind, so zeigen sich die üblen Folgen bald. Die Säfte werden trübe, setzen Schaum ab und verlieren nach und nach ihre guten Eigenschaften.

Es gibt kein anderes Mittel, dem Übel abzuhelfen, als ein schleunigstes Wiederaufkochen des Sirups, sei es nun, um dabei die Dosis Zucker zu vermindern oder zu vergrößern oder um den schädlichen

Bodensatz niederschlagen zu lassen. Oft aber ist diese Mühe vergeblich, besonders wenn die Säfte schon aus der Weingärung in die Essiggärung übergegangen sind, oder wenn der angesetzte Schimmel denselben einen widrigen Geschmack mitgeteilt hat. Gegen das zuerst erwähnte Übel ist kein Mittel. Nicht so schlimm ist, wenn sich eine kleine weiße Haut auf die Oberfläche der schon angegossenen Flaschen ansetzt. Diese Art von Schimmel kommt nicht von schlechter Bereitung des Sirups, sondern nur, weil sich ein paar Tropfen Wasser in der Flasche vorfanden. Dieser Zufall ist von keiner Bedeutung. Üblere Folgen aber entstehen, wenn man den Früchten zu viel Zucker beigemischt oder wenn man diesen zu stark gekocht hat. Zwar widersteht in beiden Fällen der Sirup lange der Gärung, doch wird dieselbe früher oder später unfehlbar eintreten, und dann um so rascher und gefährlicher wirken. Der Sirup bekommt eine so starke, expansive Kraft, dass er den Kork mit Heftigkeit aus den Flaschen treibt und schäumend ausströmt; widerstehen aber die Pfropfen dem Andrange, so zerspringen die Gefäße.

Mit Ausnahme des Orgeatsirups, kann man die Fruchtsäfte überhaupt nicht allzu lange erhalten, wenn man nicht stete Vorsicht anwendet. Hauptsächlich merke man hierüber noch Folgendes:

Man fülle die Säfte nur in lange, dünne Flaschen damit, wenn sie angegossen worden sind, die äußere Luft nur auf eine kleine Fläche wirken könne. Man wähle also nur Flaschen von höchstens 2 Zoll im Durchmesser, die etwa 12 bis 16 Lot Saft enthalten können. Einige Zeit nach Einfüllung des Saftes öffne man die Flasche und hebe mit einer Federspule die Haut ab, welche sich auf der Oberfläche des Sirups gebildet haben könnte. – Schließlich sorge man dafür, dass die Flaschen an Orten aufbewahrt werden, an welchen sie sich in stets gleicher Temperatur befinden. In Ermanglung einer bequemeren Stelle, muss man sie im Keller aufbewahren.

PUNSCHSIRUP, PUNSCHEXTRAKT. Man bereite Zitronensirup nach vorgeschriebener Weise (m.s. Art. Zitronensirup), und wenn er abgekühlt und aromatisiert ist, gieße man eine Flasche Arak oder Rum dazu. Man befördere durch Umschütteln die Verbindung des Sirups mit der geistigen Flüssigkeit, halte das Gefäß bis zur völligen Erkaltung verdeckt, und fülle dann den Sirup in Flaschen. Zu ⅔ dieses Sirups gießt man kochendes Wasser, um einen starken Punsch zu bereiten.

PUNSCH AUF EINE ANDERE ART. Man reibe eine Zitrone auf 1 ½ Pfund Zucker ab, gieße etwa ¼ Quart kochendes Wasser, welches man mit Tee hat ziehen lassen, darüber, sowie auch etwas Sirup C a p i l l a i r e. Ferner drücke man den Saft von 2 Zitronen dazu (die Kerne der Früchte müssen zuvor herausgenommen werden), gieße dann eine Flasche Arak in die Terrine, schütte nach Belieben noch Zucker hinzu und zünde die Mischung an. Wenn sie um ein Drittel abgebrannt ist, blase man die Flamme aus und fülle den heißen Punsch in die Glä-ser. Rotweinpunsch, Champagnerpunsch, Rum- oder Arakpunsch werden ganz auf dieselbe Art bereitet, mit dem Unterschiede, dass eine oder die andere der genannten geistigen Flüssigkeiten den Rum ersetzt. Den Weinpunsch kann man nicht abbrennen; er wird aber warm, wie die übrigen Punscharten, getrunken.

EIERPUNSCH. Dieses besonders in Deutschland beliebte Getränk wird auf folgende Art bereitet. Man schlage auf 1 Quart Punsch etwa 6 bis 8 Eidotter in eine Kasserolle und gieße unter stetem Umrühren den kochenden Punsch hinzu, indem man die Mischung gelinde aufko-chen lässt.

BISCHOF. Man nehme auf 1 Quart schweren Rotwein, sogenannten Cahors, 1 bis 2 grüne Pomeranzen, welche man ganz fein abschält; die Poren der Schale müssen durchschnitten werden, da sich in die-sen das ätherische Öl befindet, welches dem Getränke den bitteren und dramatischen Geschmack mitteilen soll. Sind die Pomeranzen von guter Beschaffenheit, so nimmt der Wein etwa binnen 15 Minu-ten den Geschmack an. Zucker schüttet man nach Belieben hinzu, jedoch nicht zerstoßenem, sondern in Stücken; der erstere würde dem Getränke ein unangenehmes trübes Ansehen geben.

CARDINAL. Dieses besonders in Deutschland beliebte Getränk ist sehr angenehm und im Sommer sehr erfrischend. Von vorzüglicher Beschaffenheit bereitet man es, wenn man eine Bouteille guten, jedoch nicht zu alten Rhein- oder Moselwein, eine Bouteille Burgunder und eine Bouteille Champagner nimmt und solche auf oben gedachte Art über etwa 3 bis 4 grüne Pomeranzen ziehen lässt. Zucker tut man nach Belieben hinzu, doch darf das Getränk nicht zu süß sein. Einen lieblichen Geschmack kann man demselben noch durch einige Gläser Marasquin geben. Wo möglich setzt man dieses Getränk in Eisgefäßen auf die Tafel, auch kann man zu demselben Fruchteis von Himbeeren, Ananas, Pfirsichen u. dergl. hinzutun, auch eine recht reife Ananas in dünnen Scheiben hinein schneiden. Man hüte sich jedoch, Eis von Creme hinzuzutun, denn dadurch würde man dieses vorzügliche Getränk augenblicklich verderben.

VON DER SCHOKOLADE

VON DER BEREITUNG DER SCHOKOLADE. Die Schokolade ist eine Art fester Teig, dessen Grundlage der Kakao ausmacht; die übrigen dazu gehörigen Ingredienzien sind Zucker, Vanille, Zimmet, Nelken und Muskatblüten. Um Schokolade zu bereiten, wähle man den besten, frischesten, möglichst wenig schimmligen Kakao, setze 2 Pfund davon, in einem großen eisernen Tiegel auf helles Feuer, rühre ihn fortwährend mit einem hölzernen Spatel, bis die Bohnen gehörig geröstet sind, sondere sie dann einzeln von der Schale ab und werfe diejenigen, welche schimmlig oder wurmstichig sind, bei Seite. Wenn die Kakaobohnen auf diese Weise geröstet, gereinigt und ausgelesen worden, so setze man sie nochmals in demselben Tiegel auf ein gelindes Feuer und röste sie unter stetem Umrühren glänzend braun; schwarz dürfen sie nicht werden. Nunmehr schütte man die Kakaobohnen in einen mit glühenden Kohlen heiß gemachten, dann aber gut ausgewischten Mörser, stoße sie mit einer eisernen Keule zu einem feinen Teig so lange, bis die Keule, wenn man sie auf die Oberfläche der Masse setzt, durch ihr eigenes Gewicht bis zum Boden des Mörsers einsinkt. Sodann schütte man pulverisierten Zucker Pfund für Pfund in den Mörser und mische ihn wohl, während dieser noch heiß ist. Man nehme nun die Mischung aus dem Mörser, tue sie in ein irdenes Gefäß,

1 Pfund aber auf den Schokoladenstein. Dieser Stein ist eben und flach, etwa 1 ½ Fuß breit und 2 ½ Fuß lang; er muss auf einem schrankartigen Gestelle ruhen, welche, von Blech oder von Holz gemacht und so eingerichtet ist, dass man ein Kohlenfeuer hineinsetzen kann, um den Stein zu erwärmen und den Teig in gelinder Wärme zu erhalten. Das irdene Gefäß mit dem übrigen Teig setzt man in das eben erwähnte Gestell neben das Feuer, zerreibt dann den Teig, welcher auf dem Steine liegt, mit einem polierten, eisernen Zylinder, mischt demselben etwas Vanille- und Zimmetextrakt bei, und reibt auch diese Ingredienzien gut in die Masse ein. Der Stein darf jedoch nicht zu heiß sein, und um der Schokolade einen schönen Glanz zu geben, nehme man sie schnell weg und walze sie auf einem Bogen Pergament, schneide sie in Stücke und lege diese in blecherne Formen, welche nach Maßgabe des Gewichts, das man den Tafeln geben will, eine bestimmte Größe haben müssen. Man schlägt die Formen auf dem Steine so lange, bis die darin enthaltene Schokolade eben und glänzend wird. Wenn die Schokolade in den Formen kalt und fest geworden, nehme man sie aus den Formen, wickle sie in weiß Papier und verwahre sie an trockenen Orten. Es ist wesentlich zu bemerken, dass man nach Belieben mehr oder weniger Zucker nehmen kann; ebenso willkürlich ist die Dosis der beizumischenden Vanille.

MILCH- ODER WASSERSCHOKOLADE. Will man Milch- oder Wasserschokolade bereiten, so tue man 1 Tasse voll der genannten Flüssigkeiten auf 2 Lot Schokolae in die Kanne; wenn das Wasser oder die Milch anfängt zu kochen, so quirle man die Mischung durcheinander. Ist die Schokolade zergangen und hat einige Male aufgewallt, so nehme man sie vom Feuer und lasse sie eine Viertelstunde lang an einer warmen Stelle stehen, längeres Kochen würde ihr schaden; dann quirle man sie aufs Neue und gieße sie schäumend in die Tassen.

Schokolade in Sahne gekocht muss nicht zu Schaum gequirlt werden.

Tafelschokolade wird auch zur Bereitung von Cremen, Gefrorenem und Dragees gebraucht.

Vom Kaffee
(Nach Angabe des Herrn M. L. C. Cadet)

Vom Kaffeebrennen und Kaffeekochen.

1. Man wähle guten wohlschmeckenden Kaffee, der nicht vom See-wasser verdorben ist.

2. Man teile die zu brennende Quantität in zwei gleiche Teile.

3. Man brenne oder röste den ersten Teil derselben in einer Kaffee-trommel mandelbraun, sodass er den achten Teil des Gewichts verliere.

4. Man brenne oder röste den zweiten Teil des Kaffees kastanien-braun, sodass er den fünften Teil seines Gewichts verliere.

5. Man vermenge beide Teile und mahle sie auf einer Kaffeemühle.

6. Man brenne und koche den Kaffee an demselben Tage, wo er getrunken werden soll.

Beim Kaffeekochen bediene man sich nicht der blechernen Maschinen oder Kannen, man nehme entweder silberne, porzellanene oder irdene.

Über die verschiedene Zubereitung dieses Getränks mag hier noch Folgendes Platz finden.

Kaffee mit kaltem Wasser zu kochen. Man gießt je nachdem man den Kaffee stark haben will, 6 bis 7 Tassen kaltes Wasser auf 4 Lot Kaffee und lässt ihn so lange mit demselben kochen, bis er ruhig ohne Schaum wie Wasser kocht und bis er sich gesetzt hat. Da jedoch dieser Kaffee nicht leicht klar wird, so wirft man, um dies zu befördern, ein wenig Hausenblase hinein, oder gieße in das kochende Getränk ein paar Tropfen kaltes Wasser, wenn er sich vollkommen gesetzt hat, gießt man ihn behutsam in eine andere Kanne. Statt des kalten Wassers kann man auch siedendes nehmen und beobachtet übrigens das obige Verfahren.

Filtrierter Kaffee. Man koche in einer Kanne den Bodensatz (Kaf-feegrund) des vorigen Tages auf, gieße ihn siedend heiß über den frisch gemahlenen Kaffee im Beutel, gieße die abgezogene Flüssigkeit mehr-mals auf, stelle die Kanne ans Feuer, dass der Kaffee heiß werde, und serviere ihn. – Der zurückbleibende Satz wird am folgenden Tage wie-der aufgekocht, und dann weiter, wie oben gesagt, verfahren.

SIROP DE CAFÉ. Man brenne und mahle 2 Pfund Kaffee, ziehe über die Hälfte 2 Quart Wasser ab und gieße die gewonnene Flüssigkeit auf die zweite Hälfte des gemahlenen Kaffees. – Wenn das Getränk gehörig abgesetzt und abgeklärt, koche man ½ Pfund Zucker z u m K a r a m e l l, gieße den Kaffee dazu und stille die Mischung mit ½ Pfund Zucker in einen glasierten Topf; diesen lasse man 8 bis 9 Stunden auf heißer Asche stehen, filtriere dann den Sirup durch einen Beutel und fülle ihn in Flaschen, die hermetisch verschlossen, an kühlen Orten aufbewahrt werden müssen. Dieser Kaffeesirup ist besonders bequem auf Reisen, wo man nicht immer Zeit und Gelegenheit hat, guten Kaffee bereiten zu lassen. – Mehr oder minder kochendes Wasser auf etwas Kaffeesirup gegossen, liefert augenblicklich und nach Belieben starken oder schwächeren Koffee.

VOM TEE

Der Tee ist bekanntlich das getrocknete Blatt des Teestrauches, dessen Vaterland China und Japan ist. Die Frühlingseinsammlung liefert den besten Tee. – Der köstlichste ist der Karawanentee, welcher durch Karawanen zu Lande nach Moskau gebracht wird und welcher einen Wohlgeruch und Wohlgeschmack hat, den der übers Meer kommende Tee durch den Transport verliert.

VON DER BEREITUNG DES TEES

Man lasse Wasser in einem kupfernen, verzinnten Teekessel kochen, spüle die silberne oder porzellanene Teekanne mit kochendem Wasser aus, dass sie warm werde, schütte Tee nach Belieben hinein, gieße das kochende Wasser darüber und lasse es 10 Minuten lang in dem gut verschlossenen Gefäße ziehen. –

BAVAROISE. Mischt man dem nach vorbeschriebener Weise zubereiteten Tee etwas S i r o p c a p i l l a i r e bei, so erhält man ein Getränk, welches B a v a r o i s e à l'e a u genannt wird; gießt man etwas Milch oder Sahne dazu, so hat man B a v a r o i s e a u l a i t. – Ein paar Tropfen Orangenblütenwasser verderben dies Getränk nicht.

ZITRONELLE. Drückt man in den auf oben beschriebene Weise bereiteten Tee den Saft 1 Zitrone, so erhält man Zitronelle.

ORGEADE (MANDELMILCH). 1 Pfund süße und 24 Stück bittere Mandeln werden geschält und mit etwas warmen Wasser in einem Mörser zerstoßen; dieser Teig wird mit 4 Quart Wasser aufgelöst, 2 Pfund Zucker und ein wenig Orangenblütenwasser werden beigemischt, und nachdem alles gut durchgerührt, drückt man das Getränk 2 Mal durch den Beutel, wobei es beständig mit einem hölzernen Spatel umgerührt wird.

LIMONADE. Man nehme 2 Zitronen, schäle sie recht fein, schneide die weiße Haut, welche sich zwischen Fleisch und der gelben Schale befindet, ab, drücke den Zitronensaft in 1 Quart Wasser, tue 1 ½ Pfund Zucker und die feine Schale in dasselbe, lasse alles 2 bis 3 Stunden stehen, dann filtriere man das Getränk durch den Beutel und fülle es in Carafons[6]. Die auf solche Art bereitete Limonade muss jedoch in Eis präsentiert werden.

ORANGEADE. Wird wie Limonade bereitet, nur nimmt man statt Zitronen, Apfelsinen.

E A U   D E   C E R I S E S. Man presse den Saft von 2 Pfund Kirschen in ein irdenes Gefäß, gieße ½ Quart Wasser dazu und seihe die Mischung durch ein feines Haarsieb. Man tue ½ Pfund Zucker dazu und fülle das Getränk in kleine Karaffen, die man auf Eis zu stellen hat.

JOHANNISBEERWASSER. E a u   d e   g r o s e i l l e s. Man nehme 1 ½ Pfund Johannisbeeren und ½ Pfund Himbeeren, reinige sie und presse den Saft aus, drücke ihn durch ein Haarsieb und mische demselben 1 Quart Wasser und ¼ Pfund Zucker bei. Man lasse alles ½ Stunde stehen, seihe es dann durch eine Serviette und das kühlende Getränk ist fertig.

---

6   Anm. des Verlags: Alter Ausdruck für Kaffee.

GEFRORENES

Einiges über die hierzu nötigen Gerätschaften

Ehe wir die Anweisung zur Bereitung der verschiedenen Arten Gefrorenes angeben, wird es nötig sein, Einiges über die hierbei nötigen Gerätschaften, sowie auch einige allgemeine Regeln, welche bei dem Verfahren zu beobachten sind, voran zu schicken. Man hat zweierlei Arten von Gefrierbüchsen, nämlich zinnerne und blecherne. Die ersteren sind die besten. – Zwar gefriert die Flüssigkeit in den blechernen Gefäßen schneller, deshalb aber gerade sind sie nicht zu empfehlen, denn dadurch wird die Masse in denselben hart und stückig, gleich Hagelkörnern, besonders wenn man sie nicht fortwährend mit einem hölzernen Spatel zerschlägt. Die blechernen Gefrierbüchsen kosten allerdings weniger, als die von englischem Zinn, sind aber kaum halb so dauerhaft. In diesen letzteren gefriert die eingebrachte Masse allmählicher und das Gefrorene wird umso trefflicher und schöner. Ferner bedarf man zu diesem Geschäft eines tiefen Eimers oder Zubers, welcher mit einem Hahn versehen sein muss, in gleichen muss man einen hölzernen Spatel oder einen blechernen Löffel haben. Wenn die Eisbüchsen mit der zu gefrierenden Flüssigkeit angefüllt sind, tue man in Stücke zerschlagenes Eis in den Eimer, streue 4 Hände voll Salz darüber, und setze die gut verschlossene Büchse hinein, werfe noch ein paar Handvoll Salz um dieselbe her und lasse alles ¼ Stunde stehen. Nach dieser Zeit öffne man das Gefäß, löse die an dem Boden und an den Seiten des Gefäßes angeschossenen Kristalle ab, rühre alles wohl durch, lege den Deckel wieder auf, fasse die Büchse bei dem Griffe und drehe und bewege sie in dem Eimer ¼ Stunde lang. Nunmehr öffne man die Eisbüchse wieder, stoße das Gefrorene von den Seiten ab, rühre die gefrorene Masse wohl mit der noch flüssigen um, schließe das Gefäß und beginne aufs Neue, dasselbe zu bewegen und zu drehen, bis alles eben und gleichmäßig gefroren. Man versäume nicht, während des Verfahrens das Wasser aus dem Eimer von Zeit zu Zeit abzuzapfen und die Eisstücke der Büchse recht nahe zu bringen. –

Soll das Gefrorene in Form eines Käses oder in Fruchtgestalt serviert werden, so gieße man die Masse in dazu gemachte Formen und stellt diese in Eis. Soll das Gefrorene angerichtet werden, so taucht man die Formen schnell in heißes Wasser, trocknet sie ab, öffnet sie und stürzt sie auf einen Teller. – Soweit das Allgemeine; jetzt Einiges über die Zubereitung der verschiedenen Arten Gefrorenes.

MARASQUINGEFRORENES. Man setze 2 Quart süße Sahne aufs Feuer und lasse sie kochen; unterdessen schlage man das Weiße von 12 Eiern zu Schnee, mische 8 Eidotter und 1 Pfund pulverisierten Zucker bei und gieße nach und nach die kochende Sahne dazu. Man setze die Mischung aufs Feuer und lasse sie unter fortwährendem Rühren 3 bis 4 Mal aufwallen; dann gieße man sie durch ein Sieb, lasse sie erkalten, fülle sie in die Eisbüchse, gieße 3 Gläser echten italienischen Maraschino dazu, schließe das Gefäß und setze es dann in den Eiseimer. Das weitere Verfahren ist im vorstehenden Artikel weitläufig angegeben.

VANILLEGEFRORENES. Man nimmt dazu dieselben Ingredienzien wie zum Marasquingefrorenen, behandelt dieselben ebenfalls nach der oben beschriebenen Weise, mit dem Unterschiede, dass man ein Quentchen grobgestoßene Vanille oder noch zweckmäßiger, Vanilleextrakt beimischt, alles 3 bis 4 Mal unter fortwährendem Umrühren aufwallen lässt und durch ein Sieb drückt. Wenn die Mischung kalt geworden ist, tut man sie in die Gefrierbüchse.

KAFFEEGEFRORENES. Man nehme 1 Lot echten gebrannten Mokkakaffee und koche ihn ungemahlen in 2 Quart Sahne. Unterdessen behandle man die Eier und den Zucker wie im Artikel M a r a s q u i n - g e f r o r e n e s vorgeschrieben, gieße die kochende Sahne dazu und verfahre weiter wie bekannt.

TEEGEFRORENES. Man nehme ½ Lot des besten Tees, binde ihn in ein Läppchen ein, lasse ihn so in 2 Quart Sahne kochen, drücke dann das Beutelchen aus und verfahre wie im vorigen Artikel gelehrt worden.

GEFRORENES VON BITTEREN MAKARONEN. Man nimmt ¼ Pfund bittere Makaronen und zerstößt sie in einem Mörser. Wenn die Eier mit dem Zucker und der Sahne zusammengerührt worden (s. Art. Marasquingefrorenes), schütte man das Makaronenpulver dazu, lasse alles zusammen kochen, gieße es durch ein Sieb und verfahre dann weiter, wie bekannt.

SCHOKOLADEGEFRORENES. Man löse und koche ¼ Pfund Schokolade in ½ Quart Wasser auf, gieße sie zur Sahne, mit der man sie unter stetem Umrühren 5 bis 6 Mal aufwallen lässt, mische sie sodann dem Eierschnee und dem Zucker bei, schlage die Masse durcheinander, lasse sie aufkochen und drücke sie durch ein Sieb. Man kann der Sahne etwas Vanilleextrakt beimischen.

ZITRONENGEFRORENES MIT SAHNE. Man reibt 2 schöne Zitronen auf ein Stück Zucker ab. Wenn der Eierschnee und die Sahne gehörig gemischt worden, tut man das auf dem Zucker abgeriebene Gelbe der Zitronen hinzu, lässt die Masse unter fortwährendem Umrühren 3 Mal aufwallen, drückt sie durch ein Sieb und verfährt weiter, wie im Artikel Marasquingefrorenes gelehrt worden.

ZITRONENGEFRORENES MIT WEIN. Man drücke so viel gute gesunde Zitronen aus, dass man etwa ½ Pfund Saft erhalte, und seihe denselben durch Löschpapier. Man koche 1 ½ Pfund feinen Zucker mit 1 Flasche guten weißen Wein und ½ Flasche Wasser. Wenn die Mischung etwa 3 bis 4 Mal aufgewallt hat, gieße man den abgeklärten Zitronensaft hinzu und lasse alles noch 3 bis 4 Mal zusammen aufwallen; sodann mische man so viel Safrantinktur bei, als nötig sein wird, der Flüssigkeit eine schöne gelbe Farbe zu geben, gieße sie durch ein Sieb und fülle sie, wenn sie kalt geworden, in die Gefrierbüchse.

HIMBEERGEFRORENES. Man presse so viel gute Himbeeren aus, dass man 1 ½ Pfund Saft erhalte; diesen lasse man in einem irdenen Gefäße 4 Tage lang an einem kühlen Orte ruhig stehen. Nach dieser Zeit hebe man vorsichtig das Häutchen ab, welches sich über den Saft gesetzt haben wird, und gieße diesen behutsam in ein anderes Gefäß. Man koche 1 ½ Pfund Zucker mit 1 ½ Quart Wasser, gieße den Himbeer-saft dazu und lasse alles 5 bis 6 Mal aufwallen. Sollte die Flüssigkeit nicht rot genug erscheinen, so kann man solche färben. Nachdem die Mischung durchgeseiht und kalt geworden, füllt man sie in die Gefrierbüchse und verfährt weiter nach oben angegebener Art.

Weil das Aroma der Himbeere sehr zart und flüchtig ist, so muss man bei der Behandlung die Gefäße so viel als möglich verdeckt halten.

PISTAZIENGEFRORENES. Man nehme 1 ½ Quart Milch und ½ Quart süße Sahne; man brühe und schäle ½ Pfund Pistazien und zerstoße sie in einem Mörser zu einem feinen Teig; man muss sie hierbei von Zeit zu Zeit mit etwas Milch anfeuchten, damit sie nicht ölig werden. Dann rühre man sie mit der Hälfte der Milch ein und drücke sie stark durch ein Tuch, den übrigen Teil der Milch aber, die Sahne, sowie auch das Abgeriebene einer Zitrone und 1 Pfund Zucker setze man aufs Feuer. Wenn diese Mischung unter stetem Umrühren ziemlich konsistent geworden, gieße man die Pistazienmilch dazu, lasse alles noch einmal aufwallen und seihe es durch ein Sieb. Wenn es kalt geworden, tue man etwas Spinatwasser dazu, um der Masse eine schöne grüne Farbe zu geben. Das weitere Verfahren ist sattsam bekannt. –

APFELSINENGEFRORENES. Man nehme 10 Stück der schönsten rotflei-schigen Malteserapfelsinen, schäle sie, teile sie in Viertel, schneide das Herz heraus und zerstoße sie in einem Steinmörser mit der abgeriebe-nen Schale von zwei Apfelsinen; den Saft der Früchte presse man durch ein Tuch, vermische ihn dann mit ½ Pfunde Zucker, welchen man in 1 Quart Wasser aufgelöst hat und tue dann alles in die Gefrierbüchse.

ERDBEERGEFRORENES. Man drücke 1 ½ Pfund Erdbeeren und ½ Pfund Johannisbeeren auf einem Siebe aus, tue den Saft in ein irdenes Gefäß, gieße auf die zurückgebliebenen Früchte ½ Quart Wasser und presse sie damit aus. Man löse ½ Pfund Zucker in diesem Wasser auf, mische den Fruchtsaft bei und gieße dann alles in die Gefrierbüchse.

ORANGENBLÜTENGEFRORENES. Man löse 3 Pfund Zucker in 2 ½ Quart Wasser auf, tue 1 Pfund Orangenblütenblätter dazu, verschließe das Gefäß hermetisch und lasse es 5 Stunden ruhig stehen. Nach dieser Zeit seihe man die Mischung durch und lasse sie dann gefrieren.

GEFRORENES VON UNREIFEN WEINTRAUBEN. 4 Pfund ausgekernte, unreife Weintrauben werden in einem Steinmörser gestoßen, 2 Quart Wasser dazu gegossen und alles stark durch ein Tuch gepresst. Diesem Safte mische man 2 Pfund Zucker bei und lasse ihn dann nach bekannter Art gefrieren.

Die Bereitung des Gefrorenen von Ananas, Aprikosen, Pfirsichen, welches sehr köstlich ist, übergehen wir, da solche sich leicht von selbst ergibt

VON DEN SORBETS

Man nennt Sorbets kühlende Getränke, welche als halb Gefrorenes sich gleichsam als flüssiges Eis gestalten. Man bereitet diese Getränke aus süßer Sahne, welcher Mandeln, Pistazien, Tee, Kaffee, Schokolade, Vanille usw. mit mehr oder weniger Zucker beigemischt wird. Man bereitet auch Sorbets aus säuerlichen Fruchtsäften, welchen dann eine bestimmte Quantität Zucker zugemischt werden muss. Folgendes mag über die Bereitungsweise dieses Getränke hier Platz finden.

SORBETS MIT WEISSER SAHNE. (à la crème blanche). Man löse das Gelbe von 6 Eiern in 2 Quart Sahne auf, tue 1 Esslöffel voll eingemachte Orangenblüte dazu, setze das Gefäß aufs Feuer und lasse die Sahne hier einmal verdeckt aufwallen, gieße sie dann durch ein Sieb, drücke die Orangenblütenblätter darin durch, mische ¾ Pfund Zucker bei und gieße die also bereitete Flüssigkeit in eine silberne oder blecherne Gefrierbüchse. Dies Gefäß wird in die dazu bestimmten Eiseimer gestellt.

Man zerschlägt 6 Pfund Eis, mischt demselben 2 Pfund Salz bei und wirft es in den Eimer; wenn man die Gefrierbüchse gehörig damit umlegt hat, bewegt und dreht man dieselbe 4 bis 5 Minuten lang darin um, dann löst man mit dem Eislöffel das an den inneren Wänden angeschossene Gefrorene ab, mische es dem noch flüssigen Teilen bei, verschließt die Büchse wieder und fährt mit dem Bewegen oder Drehen derselben fort.

Wenn die Flüssigkeit sich nun in leichten Schnee umgewandelt hat, so rührt man sie stark mit dem Eislöffel um, wodurch die dem Sorbet eigentümliche angenehme Öligkeit (o n c t u o s i t é) befördert wird. Wenn das Eis in dem Eimer geschmolzen ist, so lässt man das Wasser ab und tut frisches Eis hinein.

ERDBEERSORBET. Man zerdrücke 28 Lot schöne ausgelesene Erdbeeren in einem Mörser, mische ½ Quart Wasser, 1 Teelöffel Zitronensäure und eben so viel Orangenblütenwasser dazu und lasse alles 2 bis 3 Stunden stehen. Man tue 1 ¼ Pfund Zucker in ein Gefäß, decke ein Stück Leinwand darüber und gieße durch dasselbe den Fruchtsaft auf den Zucker. Man drücke das Tuch gut aus und filtriere, wenn der Zucker in dem Safte aufgelöst ist, die Mischung durch den Beutel. Das weitere Verfahren lese man im vorstehenden Artikel nach.

ZITRONENSORBET. Man löst 1 ½ Pfund Zucker in 1 Quart Wasser auf, schneidet 9 große italienische Zitronen voneinander, drückt sie stark aus, dass nicht sowohl der Saft, sondern auch das der Schale eigentümliche Öl ausgepresst werde. Nachdem das Zuckerwasser mit dem Safte wohl gemischt worden, gieße man die Flüssigkeit durch ein feines Haarsieb. Das Weitere ist in dem Artikel S o r b e t s v o n w e i ß e r S a h n e nachzulesen.

POMERANZENSORBET. 1 ½ Pfund feiner Zucker wird in 1 Quart Wasser aufgelöst; 9 Pomeranzen und 2 Zitronen, schöne auserlesene Früchte, werden zerschnitten und ausgedrückt. Die Schale von 2 der ersteren wird abgetrieben und mit dem Safte dem Zuckerwasser beigemischt. Die Flüssigkeit wird durch ein feines Sieb gegossen und dann in die Gefrierbüchse gefüllt. Das weitere Verfahren findet man oben, (s.d. A r t. S o r b e t s v o n w e i ß e r S a h n e).

Von den Ratasias

Diese angenehmen Liköre werden durch Ausgüsse (Infusion) bereitet. Ingredienzien sind: Franzbranntwein, Blüten oder Früchte, Körner und Zucker. – Die Ratasias müssen durch den Beutel filtriert werden und bereitet man viel davon zu gleicher Zeit, so muss man sie mit Hausenblase abklären. Die mit Weingeist angemachte Ratasias sind zwar feiner als die mit Branntwein bereiteten, weil der Weingeist das Frucht- oder Blütenaroma mehr bindet; letztere hält man dagegen für gesünder.

Soll der Ratasia mit Weingeist fabriziert werden, so nehme man, statt der in nachstehenden Vorschriften angegebenen Quantität Branntwein, dasselbe Maß, halb Weingeist, halb Wasser.

ECHTER HOLLÄNDISCHER CURAÇAO. Man nehme 1 Pfund gewöhnliche, trockene Pomeranzenschalen, schneide alles Weiße heraus und tue sie in einen großen irdenen Krug. Man gieße 8 Flaschen besten Franzwein darüber und lasse das Gefäß 14 Tage lang, den Sommer an der Sonne, im Winter am Ofen, stehen und schüttle es täglich um. Nach Verlauf dieser Zeit gieße man die Flüssigkeit behutsam in eine große Flasche, tue 3 Pfund zerschlagenen Kandiszucker ein, binde die Flasche gut zu und lasse sie wieder an einem warmen Orte stehen, bis der Zucker gänzlich geschmolzen ist. Nunmehr filtriere man den Likör durch den Beutel, oder auch durch den Filtriertrichter, den man bedecken muss, damit nichts Geistiges verfliege, und fülle den also sorgsam abgefüllten Curaçao in Flaschen, welche wohl verschlossen und versiegelt werden müssen.

Nimmt man, statt der 8 Flaschen Branntwein, 4 Flaschen Weingeist und 4 Flaschen Wasser, so wird der Curaçao so schön und fein, dass er kaum von destilliertem Likör zu unterscheiden ist.

GANZ FEINER DANZIGER NELKENRATASIA. Man nehme 1 ½ Lot Gewürznägelein und eben so viel Zimmet; letzteren breche man in kleine Stücke und lasse beides in einem Glase Wasser 24 Stunden aufweichen. Man löse 2 Pfund Zucker in ¾ Quart Wasser auf und lasse ihn bis zum Flug kochen. Sodann gieße man 4 Flaschen besten roten Bordeauxwein, wie auch das Wasser, in welchem die Gewürze aufgelöst worden, dazu, werfe die Nägelein und den Zimmet, in ein Beutelchen gebunden hinein und lasse alles in einem verdeckten Gefäße 5 bis 6 Mal mit dem Zucker aufwallen. Man nehme das Gefäß vom Feuer, lasse die Mischung erkalten und gieße dann so viel Weingeist hinzu, als erforderlich ist, den Likör die nötige Stärke zu geben. – Fleißiges Umrühren und wiederholtes Kosten ist hierbei notwendig. – Das Beutelchen mit den Gewürze wird herausgenommen und der Ratasia schließlich in Flaschen gefüllt, diese müssen gut gekorkt, verbunden und verpicht werden.

Eau des sept graines. Man nehme Anis, Fenchel, Kümmel, Koriander, Dill, Feldkümmel und Angelica, von jedem Quentchen, stoße alle diese Körner und lasse für 4 Wochen in 4 Quart Franzbranntwein stehen. Man löse 2 Pfund Zucker in ½ Quart Wasser auf, mische es dazu, filtriere den Ratasia und fülle ihn in Flaschen.

Kirschratasia. Man zerdrücke 10 Pfund Kirschen, tue sie mit 2 Quart Franzbranntwein in eine Kruke und lasse sie 5 bis 6 Tage damit stehen, dann aber presse man den Saft durch ein leinenes Tuch aus. Man koche 5 Pfund schöne Johannisbeeren mit 5 Pfund Zucker, presse sie wie die Kirschen aus und mische den Saft zu dem der Kirschen. Hierauf messe man die Flüssigkeit und nehme auf jedes Quart derselben 1 Quart Branntwein, füge noch hinzu: 1 Pfund Kirschkerne, ½ Pfund Koriander, ein wenig Muskatblüte, ein paar Gewürznägelein und ein wenig Zimmet; dies alles muss fein zerstoßen, in das Gefäß gebracht, und die Flüssigkeit darüber gegossen werden. 6 Wochen lang lasse man den Aufguss stehen, filtriere ihn dann und fülle den Ratasia in Flaschen, die sorgsam zu verschließen sind.

Ratasia von vier Früchten. Man nehme 10 Pfund völlig reife Kirschen, 2 ½ Pfund Himbeeren, 5 ½ Pfund Johannisbeeren und 2 Pfund Aalbeeren, presse den Saft dieser Früchte aus, messe denselben und nehme dann auf jedes ¾ Quart eben so viel Branntwein und ½ Pfund Zucker. Ferner tue man dazu: 1 Quentchen Muskatblüte und 2

Quentchen Gewürznägelein, mische alles gut durcheinander, lasse es dann sich absetzen, filtriere und fülle es auf Flaschen, die sorgsam zu verschließen sind.

HIMBEERRATASIA. Man löse 1 ½ Pfund Zucker in 1 ½ Pinte (eine Pinte ist ¾ Quart) Himbeersaft und ½ Nößel Kirschsaft auf, gieße 3 Pinten Franzbranntwein dazu, lasse die Flüssigkeit sich absetzen, filtriere sie und fülle sie in Flaschen.

JOHANNISBEERRATASIA. Man presse so viel rote Johannisbeeren aus, dass man 4 Pinten oder 3 Quart Saft erhalte, diesen mische man mit 8 Pinten oder 6 Quart Franzbranntwein, tue dazu: 2 Quentchen gestoßenen Zimmet, 1 Quentchen Gewürznägelein und lasse dies alles 4 Wochen zusammen stehen. – Dann aber kläre und filtriere man den Ratasia und verwahre ihn in wohl verschlossenen Flaschen.

ANGELICARATASIA. Frische Angelicawurzeln werden gewaschen und zerschnitten, dann aber mit 2 Lot gestoßenen Angelicakörnern, ½ Quentchen Gewürznägelein, ½ Quentchen Muskatblüte in 1 ½ Pinte Franzbranntwein gelegt. Nachdem der Aufguss 5 Wochen lang gestanden, löse man 2 Pfund Zucker in ½ Quart Wasser auf, mische dieses bei, filtriere den Likör durch den Beutel und fülle ihn dann in Flaschen.

NUSSRATASIA. Man nehme frische, nicht ganz reife Nüsse, die sich mit einer Nadel leicht durchstechen lassen, zerstoße sie in einem Mörser und lasse sie mit ½ Quentchen Zimmet und 1 Lot Muskatblüten in 1 ½ Quart Franzbranntwein ziehen. Nach 6 Wochen presse man die Flüssigkeit durch ein Sieb und vermische sie mit 1 Pfund Zucker, welchen man in 1 Quart Wasser auflösen muss. Man lasse die Mischung noch 6 Wochen stehen, dass sie recht klar werde, filtriere sie durch den Beutel und ziehe sie dann auf Flaschen.

RATASIA VON GRÜNEN NUSSSCHALEN. Man zerstoße 30 Stück unreife Nüsse, deren Inneres noch ganz weich ist, lasse sie dann in 1 ½ Quart Franzbranntwein mit 18 Gewürznägelein und eben so viel Muskatblüte 8 Wochen ziehen. Nach Verlauf dieser Zeit schlage man 1 Pfund Zucker in kleine Stücke, werfe diesen in den durchgeseihten Ratasia und lasse alles noch 3 Monate stehen. – Dann fülle man ihn in Flaschen.

ORANGENBLÜTENRATASIA. Man löse 3 Pfund Zucker in Wasser auf, schütte ½ Pfund Orangenblüten hinein, lasse sie mit demselben am Feuer gelinde aufwallen, dann erkalten und fülle alles in eine große Kruke. Man gieße 3 Pinten oder ¾ Quartflaschen guten Franzbranntwein dazu, lasse die Mischung 14 Tage lang stehen, filtriere dann den Ratasia und ziehe ihn auf Flaschen.

RATASIA DE NOYAUX. 10 Lot frische, geschälte Pfirsich- oder Aprikosenkerne werden mit 4 Lot Zimmet zerstoßen. Man übergieße sie mit ¼ Quart Franzbranntwein und lasse sie 4 Monate mit demselben ziehen. – Nach Verlauf dieser Zeit gieße man die Infusion durch ein Sieb, setze ½ Pfund Zucker, der in ein Glas Wasser aufgelöst worden, dazu, filtriere den Ratasia und fülle ihn in Flaschen.

WACHHOLDERRATASIA. 12 Lot Wachholder, 1 Lot Anis, 1 Lot Koriander, ebenso viel Zimmet und Nelken werden gestoßen und in 1 ½ Pinten Franzbranntwein geworfen: mit diesem lasse man sie 4 Wochen ziehen, seihe die Mischung durch ein Sieb, tue ¾ Pfund in etwas Wasser aufgelösten Zucker dazu, filtriere den Ratasia und fülle ihn auf Flaschen.

ENGLISCHER SCHRUBB À L'ORANGE. Man tue 10 Pfund Zucker in 6 Quart Wasser und kochet dieses bis der Zucker geschmolzen ist, schäume es gut ab und lasse es erkalten. Wenn dies geschehen, fülle man das Zuckerwasser in ein Fässchen, gieße 9 Quart Jamaicarum und 5 Quart Orangensaft dazu. – Letzterer muss durchgeseiht werden, damit keine Kerne darinnen bleiben. – Dies alles mische man gut durcheinander. Man schlage ferner ein Eiweiß zu Schnee, mische auch dieses zum Schrubb, der nun 8 Tage ruhig stehen muss, dass er sich abkläre. Nach Verlauf dieser Zeit ziehe man ihn auf Flaschen. – Auch bei Bereitung von geringeren Quantitäten hat man sich genau nach den angegebenen Verhältnissen zu richten.

Ein sehr wohlschmeckender Ratasia ohne Zucker. Man presse Kirschsaft aus, lasse ihn ¼ Stunde lang stehen, dass er sich absetze, tue zerstoßene Kirschkerne, auch womöglich Pfirsich- und Aprikosenkerne dazu und gieße dann zur vorhandenen Quantität Saft den halben oder den dritten Teil guten Franzbranntwein, je nachdem man den Ratasia schwächer oder starker zu haben wünscht. Um demselben eine dunkelrote Farbe zu geben, mische man den filtrierten Saft von ein paar Pfund schwarzen süßen Kirschen bei. Wenn die Gärung vorüber ist, verschließe man das Gefäß sorgsam und fest. Vor dieser Zeit bedecke man es aber mit Weinblättern, die, nur leicht beschwert, dem ausströmenden Gas den Durchzug verstatten.

VON DEN LIKÖREN

So nennt man gebrannte, destillierte Wasser, welche aus Branntwein, Zucker, Früchten oder Blütenessenzen und Wasser bereitet werden. – Brunnenwasser darf hierbei nicht angewendet werden, es ist zu schwer und hart. – Gute Liköre müssen sich durch Geschmack und Geruch empfehlen.

VON DER DESTILLATION

Die Destillation soll die geistigen und aromatischen Teile, die sich in irgendeiner Substanz mit einer Menge Phlegma und anderen heterogenen, teils salzigen, teils erdigen Teilen verbunden finden, abscheiden.

Das Dampfbad ist der gemäßigtste Feuergrad, den man in der Destillation anwendet. Es besteht in einem metallenen oder irdenen Gefäße, welches man zu zwei Dritteilen mit Wasser anfüllt; über demselben wird der Brennkolben, Destillierkolben, angebracht. Wenn durch die Wirkung des Feuers das Wasser kocht, treffen die heißen Dämpfe den Kolben und scheiden die flüchtigen Teile von den gröberen Stoffen ab.

Das Marienbad oder Frauenbad ist das bei gewöhnlichen Destillationen gebräuchlichste, weil es am leichtesten zu handhaben ist. Es ist selbst durchaus nötig, sich desselben zu bedienen, wenn man Pflanzen und Blüten destilliert, die leicht anbrennen, oder denen es an flüssigen Teilen mangelt. Das Marienbad unterscheidet sich vom Dampfbade dadurch, dass der Kolben in das Wasser gestellt wird, welches demselben unmittelbar den Grad der Hitze mitteilt, welchen es empfängt.

Das Sandbad wird da nötig, wo ein sehr hoher Grad von Hitze erforderlich ist. Es besteht in einem mit Sand angefüllten Gefäße, welches auf Feuer gesetzt wird; der Kolben wird in den heißen Sand gelegt. Das Sandbad ist jedes Grades der Hitze fähig, von der gemäßigten Wärme an, bis zur Gluthitze.

Man bediene sich möglichst, bei der Destillation, irdener oder gläserner Gefäße, wo aber diese zu klein sind, um die zu destillierenden Flüssigkeiten zu fassen, nehme man kupferne, verzinnte Gefäße. Die irdenen Kolben müssen gut gebrannt, ohne Luftbläschen und erprobt sein.

Zu Anfang der Destillation darf das Feuer nicht zu stark sein, damit die Gefäße nicht springen; allmähliches Vermehren des Feuers ist eine zu empfehlende Vorsicht.

Soll eine Substanz 3 bis 4 Mal destilliert werden, so muss bei jedesmaliger Destillation der Grad der Hitze verstärkt werden. Soll die Destillation vollkommen von Statten gehen, so muss das Ausfließen aus der Kolbenmündung fadenartig, nicht tropfenweise geschehen; letzteren Falle könnte man leicht eine Flüssigkeit erhalten, die wenig von dem den Substanzen eigentümlichen Öle enthielte.

Auch die Wahl des Wassers ist bei Bereitung der Liköre wesentlich. Weder Brunnenwasser noch Quellwasser taugen zur Bereitung der Liköre, das Beste bleibt das Flusswasser. Wenn es leicht, klar, nicht abschmeckend ist und Seife leicht auflöst, ist es zu dem vorhabenden Zwecke brauchbar; besitzt es diese guten Eigenschaften nicht, so muss es gekocht und dann filtriert werden. Man kann das Wasser durch reinen Sand, durch einen Filtrierstein oder auch durch Löschpapier, welches man auf ein Haarsieb legt, filtrieren.

Gebraucht man, wie es wohl zuweilen nötig ist, recht geläutertes Wasser, so muss man es destillieren.

Man gebraucht bei der Destillation mehrere Arten von Kitt, um die Gefäße miteinander zu verbinden, oder auch um Flaschen, welche geistige Flüssigkeit enthalten, hermetisch zu verschließen. Es wird demnach nicht am unrechten Orte sein, hier Einiges über die Bereitung derselben folgen zu lassen.

Ölkitt bereitet man aus Leinöl (in welches man ein wenig Bleiglätte tut, damit es leichter trockne) und sehr trockenem fein gepulverten Ton. Beides, in einem Mörser zusammen gerieben, gibt einen dicken, weichen und dehnbaren Kitt.

Noch andere Kittarten braucht man, um die Gefäße gegen zu starke Einwirkung des Feuers zu schützen und das Springen oder Zerschmelzen derselben zu verhüten. Um diesen Zweck zu erreichen, überzieht man die Gefäße mit einer Art Teig, den man aus Ton, feinem Sand und Füllhaar oder Werg macht. Ein solcher Überzug berstet nie und der vorgesetzte Zweck wird erreicht.

Man nennt luturn sapientiae einen, aus gelöschtem Kalk, Mehl und durchgesiebtem Ton, mit Eiweiß verbunden, zusammengesetzten Kitt. Das Eiweiß wird mit ein wenig Wasser durchgeschlagen.

Nicht selten verschließt man Flaschen mit Korkstöpseln, welche man mit Pech oder Leim überzieht; aber das beste Mittel, sie gegen die Einwirkungen der äußeren Luft zu schützen, ist folgendes: Man mische zwei Teile gebleichtes Wachs zu einem Teile Rindertalg, tauche die Pfropfen 2 bis 3 Mal hinein und überziehe sie dann mit oben genanntem Ölkitt.

Art und Weise die Liköre zu färben[7]

Rot. 3 Quentchen Cochenille und ½ Quentchen Alaun werden pulverisiert und mit einem Glase kochenden Wasser übergossen, tüchtig umgerührt und dann verwendet. Der gefärbte Likör muss durchfiltriert werden.

---

7   Hiermit vergleiche man den Schluss dieses Werks.

Gelb. Etwas Zucker wird mit ein wenig Wasser aufs Feuer gesetzt; man lasse den Zucker unter fortwährendem Umrühren bis zum K a r a - m e l l kochen; dann nehme man ihn vom Feuer, übergieße ihn noch mit etwas Wasser, rühre ihn mit dem Spatel um und verwahre die färbende Flüssigkeit in Flaschen. Auch mit in Weingeist aufgelöstem Safran kann man Liköre färben, in welchen Safran als Ingredienz enthalten ist.

Art und Weise-, den Moschus und den Ambra zu präparieren, der zum Parfümieren der Liköre gebraucht werden soll.

4 Gran Ambra, 2 Gran Moschus und ¼ Pfund Zucker werden zusammen gestoßen, wohl gemengt und in gut verschlossener Schachtel verwahrt. Man gebraucht dieses Parfüm, die Rosolis oder andere Liköre wohlriechend zu machen. 1 Prise ist für 4 bis 5 Pinten Likör hinreichend. – Man kann jedoch die Dosis nach Belieben vergrößern oder verringern.

Anisette de Bordeaux. 24 Lot grüner Anis, ½ Pfund Sternanis, 4 Lot Koriander und 4 Lot Fenchel werden gestoßen, dann mit 12 Quart Franzbranntwein in den Kolben getan und in ein Frauenbad (Marienbad) gebracht. Ist die Destillation vollendet, so gieße man zu dem erhaltenen Likör 6 Quart Wasser, in welchen 13 Pfund Zucker aufgelöst werden, filtriere den Anisette und ziehe ihn auf Flaschen. Bei der Destillation muss man darauf sehen, dass kein Phlegma mit abdampfe.

Eau de cedrat. Man destilliere im Marienbade 2 ¼ Quart Branntwein mit der fein abgenommenen Schale von 4 Cedras und einer Zitrone. Zu dem davon erhaltenen Quart Likör mische man ¾ Quart Flusswasser, in welchem man 2 Pfund Zucker zergehen lässt, mische alles wohl und fülle es dann in Flaschen.

Nelken Eau de Gorofle. Man destilliere 2 Lot gestoßene Nelken mit 2 Pinten Branntwein, dann löse man 1 ½ Pfund Zucker in ¾ Quart geläutertem Flusswasser, mische es dem Likör bei, filtriere denselben und fülle ihn auf Flaschen.

GOLDWASSER. Man destilliere im Marienbade (Frauenbad) 1 ½ Quart Branntwein mit der fein abgenommenen Schale von 2 guten Zitronen und ½ Quentchen Muskatenblüte. Zu den erhaltenen ¾ Quart Likör gieße man ¾ Quart destilliertes Wasser, in welchem 1 ½ Pfund Zucker aufgelöst worden, durchwürze ihn mit ½ Pfund Orangenblütenwasser, färbe ihn mit einer Safrantinktur, filtriere den Likör und fülle ihn in Flaschen. – Man nehme schließlich 1 Buch Goldschaum, tue etwas davon auf einen Teller, gieße etwas Likör darüber, zerteile es mit einer Gabel in kleine Stückchen und bringe diese in die Likörflaschen.

SILBERWASSER (EAU D'ARGENT). Die fein abgenommene Schale von 2 Pomeranzen und von 2 Zitronen, und 2 Quentchen ganzer Zimmet werden mit etwa 2 Quart Branntwein destilliert. – 2 ¼ Pfund Zucker löse man in 1 Quart geläutertem Flusswasser auf, gieße die durch Destillation erhaltene geistige Flüssigkeit zu, filtriere alles durch den Beutel, und nachdem der Likör in Flaschen gefüllt worden, ziere man ihn mit Silberschaumteilchen.

EAU DE NOYAUX DE PHALSBOURG. ½ Pfund Pfirsichkerne und Kirschkerne und ½ Pfund Aprikosenkerne weiche man in lauem Flusswasser auf; man schäle sie folgenden Tages, lege sie dann in 4 ½ Quart Branntwein und lasse sie 9 Tage mit demselben ziehen, und destilliere sie nach Verlauf dieser Zeit in einem Frauenbad. Man löse 4 Pfund Zucker in 2 ¼ Quart geläuterten Wasser auf, gieße ½ Pfund Orangenblütenwasser dazu, mische dies der destillierten geistigen Flüssigkeit bei, filtriere diese durch den Beutel und fülle den Likör auf Flaschen.

VESPETRO. ½ Pfund Koriander, ½ Pfund Angelicakörner, ½ Pfund Fenchel, ½ Pfund Feldkümmel, die fein abgenommene Schale von 4 bis 5 Zitronen, desgleichen die von 4 bis 5 Pomeranzen, lasse man 5 Tage lang mit 7 ½ Quart Branntwein in hermetisch verschlossenen Gefäßen ziehen. Nach Verlauf dieser Zeit destilliere man die Infusion im Marienbade. Man wird etwa 3 ½ Quart Likör erhalten, zu diesem gieße man 3 Quart geläutertes Flusswasser, in welchem 7 Pfund Zucker aufgelöst worden, filtriere den Vespetro durch den Beutel und fülle ihn auf Flaschen, welche man wohl verschließen muss.

MARASCHINO. Man lasse 16 Pfund gute, saure Kirschen mit 3 ¾ Quart Branntwein ziehen; die Stiele der Früchte müssen zuvor abgezupft und die Steine herausgenommen werden; man halte das Gefäß verschlossen und destilliere nach 3 Tagen die Infusion im Frauenbade ab. Ferner destilliere man 1 Pfund Kirschblätter mit 4 ½ Quart Wasser. Man wird davon etwa 3 Quart Flüssigkeit erhalten, in dieser lasse man 4 ½ Pfund zerschlagenen Zucker zergehen, gieße sie zu dem abdestillierten Likör, dem noch ferner beizumischen ist: ⅞ Quart Kirschwasser, 3 Lot Rosengeist, 3 Lot Orangenblütengeist und 3 Quentchen Jasmingeist. Man filtriere alles durch den Beutel und fülle den Maraschino in Flaschen, die hermetisch verschlossen werden müssen.

SCUBAC. 4 Lot Safran, die fein abgenommene Schale von 4 Zitronen, desgleichen die von 4 Pomeranzen und 1 Qnentchen Muskatblüte lasse man mit 9 Quart Branntwein ziehen. Nach 8 Tagen destilliere man die Infusion im Frauenbade ab, mische 10 Pfund Zucker, welcher zuvor in 4 ½ Quart geläutertem Flusswasser aufgelöst worden, bei und filtriere alles durch den Beutel. Dieser Likör ist von Natur sehr hell und weiß; will man ihn gelb färben, so lasse man den Zucker auf dem Feuer schmelzen, wenn er erkaltet ist, tue man Safrantinktur hinzu, mische ihn dann dem Likör bei, filtriere diesen und fülle ihn auf Flaschen.

ROSSOLIS. 24 Lot gereinigte Orangenblütenblätter, 1 Pfund Rosenblätter, 1 ½ Lot gestoßener Zimmet und ½ Lot gestoßene Nelken werden mit 9 Quart Flusswasser abdestilliert. Man wird ungefähr 4 ½ Quart Flüssigkeit erhalten; in dieser löse man 12 Pfund feinen Zucker auf, gieße 4 ½ Quart Jasmingeist hinzu, färbe den Likör karmesinrot, filtriere ihn und fülle ihn auf Flaschen.

PARFAIT-AMOR. In 2 ¼ Quart Branntwein tue man 4 Lot fein abgenommene Zitronenschale, 2 Lot Cedratschnittchen, ½ Quentchen Gewürznägelein und 1 Quart filtriertes Flusswasser. Man destilliere alles dieses im Frauenbade ab, lasse 2 ½ Pfund Zucker am Feuer schmelzen, dann erkalten und mische ihn dem Likör bei. Man färbe diesen mit ein wenig Cochenille rot, filtriere ihn durch den Beutel und ziehe ihn auf Flaschen.

KIRSCHWASSER. Man nehme schwarze, vollkommen reife Kirschen, reinige sie und tue sie in einen Zuber. Man gieße etwas Wasser auf Holzasche, bereite daraus eine Art Mörtel und überlege damit den Zuber oder die Wanne, welche die Kirschen enthält. Diese Asche wird, wenn sie trocken geworden, eine harre Rinde bilden, die Gärung der Früchte begünstigen und das Verdunsten der flüchtigen Teile verhindern. Man lasse die Kirschen 6 Wochen lang gären; nach Verlauf dieser Zeit nehme man die Aschenrinde ab und bringe nun Fleisch und Saft der Kirschen nach und nach in den Brennkolben. Man fülle denselben nicht ganz, leite auch die Destillierung vorsichtig, feuere behutsam nach und nach und sorge, dass kein Phlegma mit abdunste. Auf diese Weise sind nach und nach alle vorhandenen Kirschen zu destillieren. Das Kirschwasser, welches man durch diese Operation gewinnt, muss hell und klar sein und wird nun durch eine zweite Destillation im Frauenbade rektifiziert und dann in Flaschen gefüllt. Dieser Likör wird je älter, desto besser.

VON DEN CRÊMES UND HUILES

Die Crêmes sind fetter, als die Liköre, deren Zubereitung wir eben angegeben, weil man mehr Zucker dazu nimmt und sie beinah kochend heiß werden lässt. Die Huiles werden ebenso bereitet, wie die Crêmes und müssen fett wie Öl erscheinen; sie erhalten diese Eigenschaft durch eine noch verwehrte Dosis Zucker und durch ein gelindes Aufwallen am Feuer.

CRÊME DE FLEUR D'ORANGE AU VIN DE CHAMPAGNE. Man lasse 5 Pfund Zucker in 2 ¼ Quart geläutertem Flusswasser am Feuer zergehen; wenn die Mischung einmal aufgewallt hat, tue man 1 ¾ Pfund Orangenblütenblätter dazu, verschließe das Gefäß und lasse alles erkalten. Nunmehr gieße man 3 Flaschen Champagnerwein und 2 ¼ Quart rektifizierten Weingeist dazu. Nach 24 Stunden filtriere man den Likör durch den Beutel und fülle ihn auf Flaschen.

CRÈME D'ABSINTHE. Man destilliere im Frauenbade 3 Quart Branntwein mit der fein abgenommenen Schale von 2 Pomeranzen und ½ Pfund frisch gepflückten Wermutspitzen. Man wird durch die Destillation etwa 1 ½ Quart Likör erhalten; zu diesem tue man 4 Pfund Zucker, welcher in 1 ½ Quart filtriertem Flusswasser über dem Feuer aufgelöst wird.

CRÈME DE VANILLE. Man zerschneide 3 Quentchen Vanilleschoten und tue sie mit ½ Gran Ambra in ein Gefäß; man setze 2 Pfund 20 Lot geschlagenen Zucker mit 1 Quart Wasser aufs Feuer und gieße es, wenn es einmal aufgewallt hat, in das Gefäß, welches die Vanille und den Ambra enthält. Wenn die Mischung erkaltet ist, gieße man 1 Quart rektifizierten Franzbranntwein dazu, lasse den Aufguss 6 Tage lang stehen, färbe den Likör mit etwas Cochenille, filtriere denselben durch den Beutel und fülle ihn auf Flaschen, welche hermetisch verschlossen werden müssen.

CRÈME DE MOCCA. Man brenne ½ Pfund Mokkakaffee hellkastanienbraun, mahle ihn und tue ihn mit der fein abgenommenen Schale einer Pomeranze in ein Gefäß; man gieße 3 Quart Franzbranntwein darüber und lasse den Kaffee mit demselben 48 Stunden lang ziehen. Man löse 3 ½ Pfund Zucker in 1 ½ Quart geläutertem Flusswasser auf, mische es der geistigen Flüssigkeit bei, filtriere den Likör durch den Beutel und fülle ihn in Flaschen.

CRÈME DE BARBADES. Die fein abgenommene Schale von 3 Cedrat, ½ Lot besten Zimmet und ½ Muskatblüte werden in 2 ¼ Quart Branntwein getan. Nachdem sie mit demselben in hermetisch verschlossenen Gefäßen 8 Tage lang gezogen haben, destilliere man die Flüssigkeit im Marienbade ab. Man setze ¾ Quart gereinigtes Flusswasser mit 3 Pfund Zucker aufs Feuer, gieße ½ Pfund Orangenblütenwasser dazu, mische alles dem Likör bei und filtriere diesen durch den Beutel.

CRÈME DE CACAO. 2 Pfund Kakaobohnen werden geröstet und gestoßen, ½ Lot Zimmet wird beigemischt und dieses mit 2 ¼ Quart Branntwein im Marienbade abdestilliert. 2 ½ Pfund Zucker werden in

1 ¼ Quart Wasser aufgelöst, der geistigen Flüssigkeit beigemischt, der Likör durch den Beutel filtriert und dann in Flaschen gefüllt.

CRÈME DE KIRSCHWASSER. Man rektifiziere 2 ¼ Quart altes Kirschwasser; zu dem davon erhaltenen 1 ½ Quart Likör gieße man 8 Lot doppeltes Orangenblütenwasser; man setze ferner 2 ½ Pfund Zucker mit 1 ¼ Quart destilliertem Flusswasser aufs Feuer, mische diesen, wenn er erkaltet ist, dem abdestillierten Likör bei und filtriere denselben.

CRÈME DE MENTHE. Man destilliere im Frauenbade 5 Quart Branntwein mit frisch gepflückter Krausemünze und der fein abgenommenen Schale von 3 Zitronen. Die Destillation wird 1 ½ Quart Likör geben, welchem 1 Quentchen Pfeffermünzessenz zugesetzt werden muss. Man lasse 1 ½ Pfund Zucker in 1 ½ Quart Wasser auf dem Feuer schmelzen, mische dies dem Likör bei und filtriere denselben.

HUILE DE ROSE. Man destilliere im Frauenbade 3 Pfund Rosenblätter mit 1 ½ Quart Branntwein ab, setze dann 1 ½ Pfund-Zucker mit 1 ⅛ Quart Flusswasser aufs Feuer und lasse es ein paar Mal aufwallen; wenn er erkaltet ist, gieße man ½ Pfund doppeltes Rosenwasser dazu, mische alles dem abdestillierten Likör bei und filtriere ihn.

HUILE DE VENUS. Man pulverisiere 2 Lot Zuckerwurzelsamen, 2 Lot Feldkümmel, 2 Lot Anis und 1 ½ Quentchen Muskatblüte. Alles dieses und die fein abgenommene Schale 1 Pomeranze lasse man 5 Tage mit 3 Quart Branntwein ziehen. Nach Verlauf dieser Zeit destilliere man es im Frauenbade; man wird davon etwa 1 ½ Quart Likör gewinnen. Man lasse 4 Pfund Zucker in 1 ½ Quart geläutertem Flusswasser am Feuer zerschmelzen, mische es, wenn es kalt geworden, der geistigen Flüssigkeit bei, färbe den Likör mit einer Safrantinktur hellgelb und filtriere ihn durch einen baumwollenen Beutel.

HUILE DE JUPITER. Man nehme 2 ¼ Quart Weingeist, welchem man Zitronenöl beigemischt hat, 2 ¼ Quart Cedratgeist, ferner 7

Pfund Zucker, welche in 3 Quart geläutertem Wasser aufgelöst worden, und 2 Flaschen Scubac. Man mische alles wohl durcheinander. Um die trübe erscheinende Mischung abzuklären, nehme man 2 Eiweiß, schlage diese mit etwa ½ Quart der Liköre und gieße es dann in die Masse desselben. Nachdem alles gut durchgerührt, destilliere man die Mischung bei mäßiger Hitze im Frauenbade ab und filtriere das erhaltene H u i l e durch den Beutel.

H u i l e   d e   M i r t h e. 8 Lot Pfirsichblätter und die Hälfte einer Muskatennuss, gestoßen, werden mit 4 ½ Quart Branntwein destilliert. In den gewonnenen Likör schütte man ½ Pfund Myrtenblüten, lasse sie mit demselben 4 Tage ziehen; nach Verlauf dieser Zeit setze man 5 Pfund Zucker mit 2 ¼ Quart Wasser aufs Feuer; wenn es anfängt zu kochen, nehme man es ab, lasse es erkalten, mische es dem destillierten Likör bei, aus welchem man zuvor die Myrtenblüte heraus zu nehmen hat, färbe das Huile mit einer Safrantinktur gelb und filtriere es durch den Beutel.

VOM FÄRBEN DER KONDITOREIWAREN

Da es zweckmäßig ist, verschiedene Waren des Konditors zu färben, um ihnen dadurch ein mannigfaches, gefälliges oder täuschendes Ansehen zu geben, wovon im Vorstehenden mehrere Beispiele aufgeführt worden sind, so lassen wir zum Schlusse dieses Werkes eine Anweisung folgen, nach welcher die Färbung auf eine der Gesundheit unschädliche Weise vorgenommen werden kann. Wir bemerken, dass solche aus einer zu Berlin ergangenen polizeilichen Verordnung entnommen worden und daher bewährt sind, und dass man sorgfältig zu vermeiden hat, andere Materialien zu diesem Berufe anzuwenden, weil mehrere derselben – nehmen wir nur die Mennige, Gummigutta, Grünspan, blaue Stärke, unechtes Blattgold und Blattsilber – wahre Gifte sind und die fürchterlichen Folgen, ja den Tod – besonders bei Kindern – veranlassen können.

Man bediene sich also:

1. zur roten Färbung; eine Mischung von Fernambukholz mit Alaun, der Säfte roter Beeren, z.B. der Berberitzen, einer Abkochung der Cochenille mit etwas Weinstein und einer Infusion von roten Klatschrosenblättern mit Wasser bereitet.

2. Zur gelben Färbung; des Safrans und des Saflors, der Kurkumawurzel und einer mit Wasser bereiteten Infusion der Blätter der gelben Ringelblume (C a l e n d u l a   o f f i c i n a l i s).

3. Zur blauen Färbung; des reinen Berliner Blau, des Lackmus oder des Indigos.

4. Zur grünen Färbung; einer Zusammensetzung von unschädlichem Blau und Gelb, z.B. eine Verbindung der Indigoauflösung mit der gelben Farbe der Ringelblume oder des Kurkumas.

5. Zur orangegelben Färbung; eines Orleandekokts mit einem geringen Zusatze von Soda bereitet.

6. Zur violetten Färbung; einer Cochenilleinfusion mit etwas Kalkwasser, Sodalösung oder Salmiakspiritus und einer beliebigen Menge der Indigoauflösung vermischt.

7. Zur Gold- und Silberfärbung; des echten Blattgoldes und des echten Blattsilbers.

Pl.1

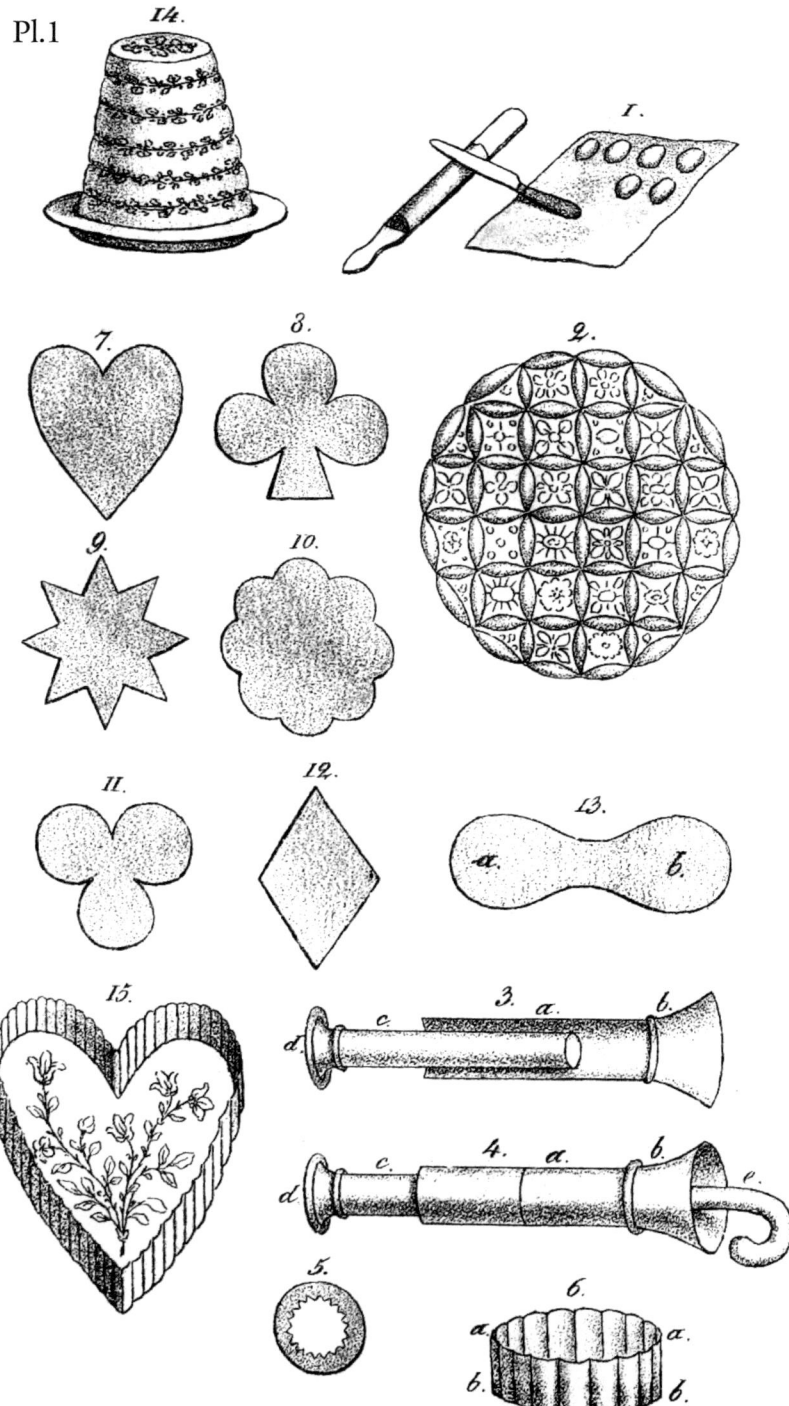

Pl.2

Pl.3

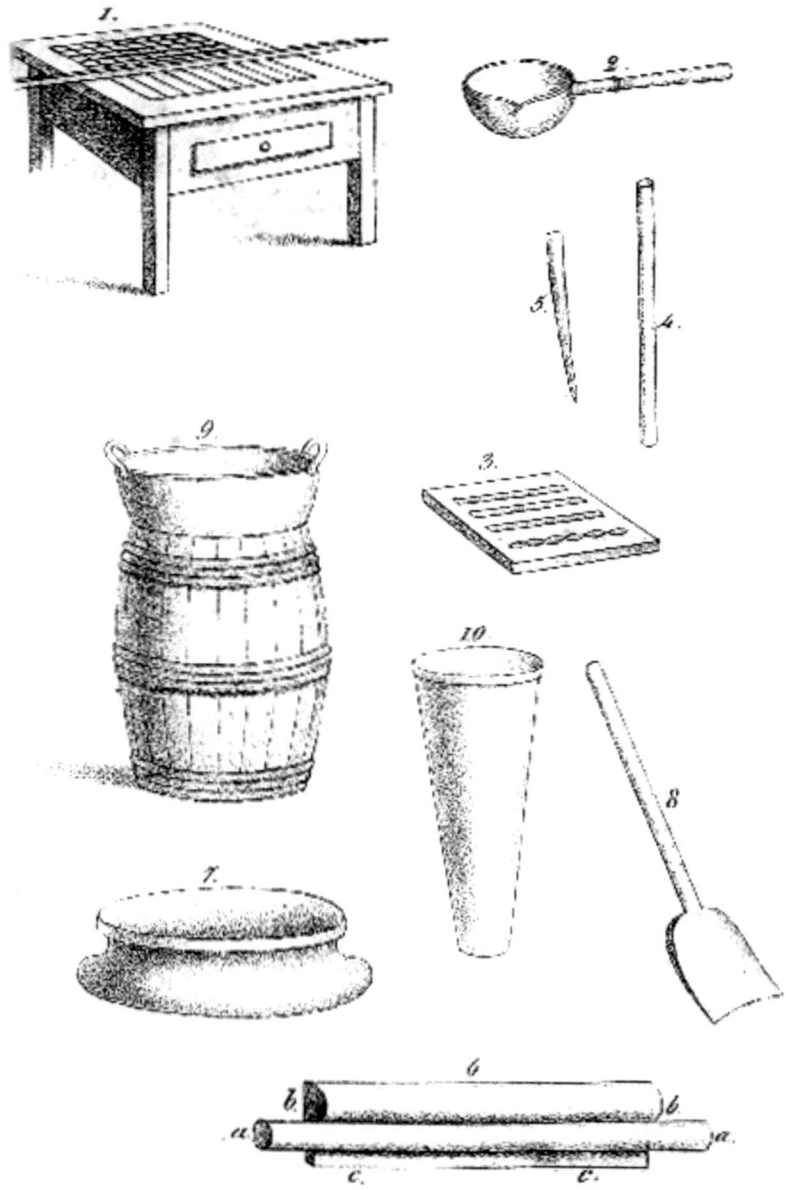

Register

seine Neigungen mäßigt, und sich zur Tugend
gewöhnt, so befördert man seinen Privatvortheil,
und gründet seine eigene Glückseligkeit.

Auf diese Art hat die ewige Weisheit, die die=
se Welt regiert, den Privatvortheil der Kreatur
mit dem allgemeinen Besten ihrer Gattung ver=
bunden, so daß sie das eine nicht stören kann, oh=
ne sich von dem andern zu entfernen, noch die
Pflichten gegen ihres Gleichen verabsäumen kann,
ohne sich selbst zu schaden. In diesem Verstande
kann man sagen, daß der Mensch selbst sein ärg=
ster Feind sey. Denn sein Glück steht in seiner
Hand, und er kann dessen nicht beraubt werden,
als wenn er das Glück der Gesellschaft und des
Ganzen, wovon er ein Theil ist, aus den Augen
setzt. Die Tugend, diese reizendste, erhabendste
Schönheit, die Zierde und Grundstütze des
menschlichen Lebens, der Grund aller Gemein=
schaft, das Band, das alle Freundschaften knüpft,
das Glück der Familien, der Ruhm der Natio=
nen; die Tugend, ohne die alles, was süß, an=
genehm, groß, glänzend und schön heißt, sinkt
und verschwindet; die Tugend, diese jeder Gesell=
schaft vortheilhafte und für das ganze menschli=
che Geschlecht wohlgesinnte und wohlthätige Lei=

R

denschaft, ist also auch das Glück, die Ruhe, die
Zufriedenheit jedes einzelnen Weltbürgers.

Der Mensch kann folglich nicht anders glücklich, als durch Tugend, ohne sie kann er nur un-
glücklich seyn. Die Tugend ist also ein Gut,
das Laster ein Uebel; für die ganze Gesellschaft
und für jedes einzelne Glied ein Uebel!

E n d e.